やっかいな隣人 韓国の正体

―なぜ「反日」なのに、日本に憧れるのか―

井沢元彦　呉善花

祥伝社黄金文庫

文庫版のためのまえがき

日本人は和を重んじる国民です。

だからできるだけ相手と対立しないことを考えます。交通事故を起こして、明らかに自分が悪くないのに「すみません」と口にしたり、口論すること自体を避けようとします。確かに奥ゆかしい習慣ではあるのですが、外国人相手ではこれは絶対に避けた方がいい態度です。「すみません」と一言口にすれば、相手の方が100パーセント悪くても「じゃ金を払え!」と言ってくる、というのが国際社会の常識であり現実です。

韓国という隣国もその例外ではありません。

さまざまな原因はありますが（詳細については本書をお読みください）、今韓国という国が、あるいは韓国人が、日本人にぶつけてくる非難は、はっきり言ってほとんどデタラメです。しかしながら人の好《よ》い日本人は、できるだけ相手の主張を受け入れようとし、日本人の大好きな言葉「相手のいうことにも一理ある」を適用し、なんとかまるく納めようとします。

そしてこれは多分日本にしかない問題ですが、日本のことを悪く言えばそれが良心的だと錯覚しているバカな日本人やマスコミがいて、韓国人の主張に迎合するものだからますます事態はこじれます。

こういう事態に対する特効薬はありません。特に今の韓国は子どもの頃から国民が反日になるように洗脳教育をしているので、当分「夜明け」は来ないかもしれません。

しかし、私は絶望はせず、本当の意味で良心的な人々とともに真実を訴えていきたいと思います。そして真実が勝つ日が必ず来ると思っています。皆さんもこの本で日韓関係の真実に目覚めていただければ幸いです。

平成二十四年九月一二日

井沢元彦《いざわもとひこ》

まえがきに代えて（旧版まえがき）

今（二〇〇六年当時）、韓国は建国以来のきわめて深刻な危機にある。しかし、「韓流ブーム」に浮かれる日本人も、当の韓国人ですら、そのことを自覚していない。

韓国は民主主義国家のはずである。ならば共産主義下における独裁者の金正日《キム・ジョンイル》の人気が、特に若い人の間で高まっていくということなど、ありえないはずだ。だが現実は「金正日ブーム」ともいうべき現象が起こり、中には「いま南北統一をやったら金正日大統領だ」と言う人すらいる。

本来ならば、金正日はその圧政によって、数百万人の朝鮮人を餓死という最もみじめな死に追いやった人物であり、日本人だけでなく多くの韓国人拉致《らち》事件の責任者でもある。その父・金日成《キム・イルソン》は朝鮮戦争で韓国を奇襲攻撃し、多くの韓国民を殺戮《さつりく》した――これだけ明白な事実がありながら、なぜ「ブーム」なのか？　彼等は「民族の敵」ではないのか？

私も長年「韓国史」いや「朝鮮半島史」を研究してきた。私の専門は「日本史」だが、「日本史」をより深く理解するためには、日本と「似て非なる国」韓国を理解することが、最も早道だからだ。しかし、私にもわからないことは、いくつもある。その最大の疑問が、いま述べた韓国における金正日の異常な人気である。

これは、欧米でもアジアの他の国でも、言論が自由な民主主義国家ではありえない現象だ。たとえば中国のような独裁国家ならば、言論を統制し情報を制限して、「有史以来、中国人を最も殺戮したのは中国共産党」という歴史の真実（文化大革命だけでも数千万人の犠牲者が出た。これは戦争によって殺されたのではない。中国人が同じ中国人を殺したのである）を、「反日」にすりかえて覆《おお》い隠すことも可能だろう。だが、それは「日本軍国主義反対」のデモはOKだが、「中国共産党反対」のデモは許さない国家であるからこそ可能なのだ。

しかし、韓国には曲がりなりにも民主主義が存在し、野党もあるしマスコミもある。それなのになぜ、こんなことが起こるのか？　それは韓国人の「心の中」にまで踏み込まなければ決して解明できない。正直言って、そこまで解明する力は、私にはない。

そこで韓国人の呉善花さんに、そのあたりを詳しく聞いてみようと思い立った。その「インタビュー」を中心にまとめたのがこの本である。もちろん単なる「インタビュー」ではなく、私の思うところもぶつけて、いわゆる対論になっている。しかし、そうした事情で「聞き役」に回った部分もあるので、その点はご了解願いたい。

ところで呉さん自身も「反日教育」の洗礼を受けて、日本にやって来たところは、「日本人＝悪人」というイメージが頭の中に出来上がっていたそうだ。その「洗脳」がどうやって解けたかは、本文を見ていただくとして、問題は今の韓国人がまさに洗脳状態で、呉さんを「極悪人」扱いしていることだ。

こういう言い方をすると、すぐ極端だとか大仰《おおぎよう》だと受け取られるが、それはまったく違う。これも詳しくは本文にあるが、呉さんに対する攻撃はすさまじいの一語である。女性として、あるいは人間としての尊厳を傷つける、日本人だったら発言しただけで社会的地位を失うような言葉が次々と浴びせられている。脅迫もある。

許しがたいのは、韓国のマスコミがこうした傾向を批判するどころか、先頭に立って煽《せん》動《どう》していることだ。先ほど、韓国にはマスコミは「ある」と言ったが、残念ながらその責務を果たしているとは言いがたい。では、その責務とは何か？　祖国にとって「耳の痛い」ことでも直言し諫言《かんげん》し、安易な世論に迎合しないことだろう。

それを果たしているのは、断じて韓国のマスコミではない。呉さん自身である。

平成十八年八月吉日　　井沢元彦

目次

終章　日本はどう向き合うべきか　273

装幀　中原達治

本書は、二〇〇六年九月、小社より単行本『やっかいな隣人　韓国の正体』として発行された作品を文庫化したものです。

本文中の事例、肩書、人物等の名称はすべて当時のものです。

序章　竹島が火をつける韓国の「反日」

●竹島をEEZの基点にすると言いはじめた韓国——井沢

韓国は、もともと日本には、韓国を併合しようという意図があって、その第一歩として、わが領土である独島《ドクト》（竹島）を日本領土に編入したんだと主張しています。つまり、日韓併合は竹島編入にはじまるというのが、いまの韓国の主張ですね。それは根本的な間違いだというあたりから話をはじめていきたいと思います。

一九九六年三月に、橋本龍太郎《はしもとりゅうたろう》首相（当時）と金泳三《キム・ヨムサン》韓国大統領（当時）との会談で、「EEZ（排他的経済水域）設定は領土問題とは関係ないという前提で、外交当局と協議することが好ましい」とすることで一致していました。ところが最近になって韓国は、日本の海洋調査計画を理由に、「EEZの設定は竹島を基点とする」と主張しています（二〇〇六年六月十二、十三日の日韓EEZ境界線確定交渉）。

韓国はそれまでは、朝鮮半島にもっと近い鬱陵島《うつりようとう》をEEZの基点としていたわけです。日本の海洋調査云々《うんぬん》と言っていますが、韓国はこれまでに何度も竹島海域の海洋調査をやってきています。そういう自分のことは棚に上げておいて、日本が海洋調査をやろうとしただけで、実際にはやってもいないのに、それならば竹島を基点にするぞと、一方的な強硬姿勢に出てきたわけです。

しかも、そのときに盧武鉉《ノ・ムヒョン》大統領（当時）は「特別談話」なるものを出して、問題を一気に歴史認識の問題にしてしまいました。これは、まったくおかしなことですね。

●竹島問題を歴史認識の問題とする盧武鉉大統領――呉

盧武鉉大統領はその「特別談話」で、「今後、政府は独島問題に対する方針を全面的に見直す」として、「独島問題を日本の歴史教科書歪曲、靖国《やすくに》神社参拝問題とともに、韓日両国の過去の清算と歴史認識、自主独立の歴史と主権守護のレベルで正面から扱っていく」と述べています（『中央日報』二〇〇六年四月二十五日）。

またテレビのインタビューでは、「世界の世論と日本国民に、日本政府の不当な措置を絶えず告発していく」「日本政府が誤りを正すまで、国家的な力と外交的支援を動員して努力を続ける」などと発言しています。

これだけ強硬な姿勢をとった政権はこれまでにありませんでした。

●併合の一環として日本が竹島を奪ったという大ウソ――井沢

いまのように竹島領有問題が大問題となったのは、一つには日本がこれまで自己主張をしてこなかったことが大きいと思います。さらに言えば、日本はずっと早くに領有権を主張しておくべきだったんです。日本が竹島の領有権を主張したのは、日露戦争の時代でした。あの周辺の島をロシアに奪われたら大変なことになるということで、ようやく日本の領有権を主張したんですが、もっと早く主張しておくべきでした。

韓国では、「日本は併合を目的としてまず独島を奪ったのだ」と主張していますね。これは完全に歴史の捏造《ねつぞう》です。もしその当時から日本に韓国併合の意思があったなら、領土的には何の価値もない無人島の竹島ではなく、人が住める鬱陵島の主権を奪ったはずです。しかし日本は古来、一貫して鬱陵島は朝鮮領としてきたんです。

鬱陵島もかつては日本人が住んでいたというか、使用していた時期があって、それが徳《とく》川《がわ》五代将軍綱吉《つなよし》の時代に、当時の朝鮮王朝との協議によって朝鮮側に譲ったという歴史的経緯があります。韓国はこういうことも知らないんでしょうか。

いまの韓国では、安龍福《アン・ヨンボク》という、江戸時代の目立ちたがり屋でかなりいい加減な人物が日本に渡航して「竹島は韓国の領土」と日本に認めさせたということになっているんですね。韓国はこのほら吹き男爵みたいな男を英雄に仕立て上げて、その話を日本側の史料も見ずにそのまま採用しています。最近では、安龍福が再現ドラマに出てくるんだそうです。

●「安龍福の証言」の歴史的根拠とは――呉

竹島問題で韓国が第一番に挙げる歴史的文書が『粛宗実録』です。韓国の歴史教科書はこの文書に収録されている「安龍福の証言」によって、安龍福が日本に密航して鳥取藩主と直談判し、鬱陵島と松島（現在の竹島の当時の呼称）は朝鮮領であることを認めさせたということを書いています。

しかし、公的な歴史的文書に収録されているからといって、「安龍福の証言」がそのまま歴史的事実かどうかは別問題です。少なくとも、歴史的事実だと主張するには、厳密な文献批判をしなくてはなりませんが、そんなことはまったくなしに、書かれたことをそのまま真実として述べているわけです。

そもそも安龍福は国禁を犯して海を渡った罪人なわけです。その当時、朝鮮は鎖国していましたから、国民の海外渡航は厳しく禁じられていました。「安龍福の証言」はそういう時代のことですから、自分を弁護するための都合のいい、適当な言い訳である可能性が高いと、まずは疑ってかからなくてはなりません。

日本では科学的な文献研究を通して、この証言はとうていそのまま信用できるものではないという結論が出されていますね。韓国ではそれに匹敵するきちんとした研究もなしに、一方的に日本の出した結論を無視しているんです。

●主権を十分主張できる立場にあった韓国――井沢

現在の竹島がかつては松島と呼ばれていたり、現在の鬱陵島がかつては竹島と呼ばれていたり、そのほかにもいろいろと複雑な変遷があるんですが、いずれにしても朝鮮は、それまでいっさい領有権を主張したことはなく、日本が一九〇五（明治三十八）年一月二十八日に現在の竹島を島根県に編入し、国際法的にも日本の領土となりました。

しかし韓国は、竹島編入時期が日露戦争と並行していて、韓国に対する日本の干渉が強まっていた時期に当たるから無効だと言うわけです。つまり竹島の日本編入は、日韓議定書からの連続した「韓国侵略」の一貫だと主張しています。

しかし、そのころの韓国は曲がりなりにも歴然とした独立国（大韓帝国）だったわけです。第二次日韓協約（日韓保護条約）によって日本が韓国の外交面を担当するようになったのは、一九〇五年十一月十七日からのことです。ですから、日本が竹島を編入したときには、韓国は国家の主権を十分主張できる立場にあったわけです。それなのに、その当時は、日本に対して公的な異議を唱えていないんです。

●盧武鉉大統領の「対日外交戦争」宣言——呉

盧武鉉大統領の「特別談話」にある、竹島問題を植民地問題・日本の侵略問題とする発言は、すでにその前の年に彼が主張した、いわゆる「対日外交戦争」政策を繰り返したものです。これについても、日本ではなぜかあまり問題にされず、知る人も少ないんですね。「対日外交戦争」政策というのは、二〇〇五年三月十七日に韓国政府が発表した、次の「対日四大基調」（新対日ドクトリン）のことです。

①人類の普遍的価値と常識に基づいた韓日関係の構築
②独島及び過去史問題に対する断固とした対応
③我々の大義と正当性を明らかにするための国際社会での積極的な努力
④政治、外交、経済、社会、文化、人的交流の持続

この中で、日本の歴史教科書については「過去の侵略と強権の歴史を賛美する歴史教科書」と位置づけています。

また日本の竹島領有権主張に対しては、「単なる領有権問題ではなく、解放（日本植民地支配からの独立）の歴史を否定して過去の侵略を正当化する行為」だとはっきり規定しています。

さらには、「日本植民地支配下での被害者」に対する賠償問題はいまだ終わっていないという立場から、「韓日協定の範囲外の事案と関連して被害を被《こうむ》った個人に対しては、日本政府が人権尊重と人類の普遍的規範の遵守レベルで解決するように促す」と述べています。

これがなぜ「対日外交戦争」政策なのかというと、盧武鉉大統領が「対日四大基調」に触れた「対国民談話」の中で、「根を引き抜く」「外交戦争もあり得る」「一日二日で終わる戦いではない」「これ以上黙ってはいられない」「韓国は勝利するだろう」など、きわめて戦闘的な用語を使って対日非難を展開したことによります。

これほどの対日強硬発言をした大統領はかつてありませんでした。『東亜日報』は、盧武鉉大統領はここで、不退転の覚悟を固めて自ら日本との外交戦の前面に立つことを宣言したとして、これを「背水の陣」と評しました（『東亜日報』二〇〇五年三月二十三日）。

●一方的に竹島を武力占拠した韓国――井沢

そもそも竹島問題は、日本固有の領土である竹島を、韓国が自国領土だと主張するようになったことにはじまるわけです。その最初は、一九五二（昭和二十七）年一月十八日に、韓国政府が一方的に「李承晩《りしょうばん》ライン」を設置して竹島を自国領域内に含め、一九五四年九月以降に韓国側が武力占拠したことです。

韓国政府はこの何の根拠もない「李承晩ライン」を口実に日本の漁船を次々に拿捕《だほ》したばかりでなく、韓国艦による銃撃で日本の漁船長を射殺してもいます。また韓国の独島守備隊は、日本の海上保安庁巡視船に発砲する事件を引き起こしています。

日本では共産党が竹島の武力奪還を主張しましたが、政府は一貫して平和主義路線を貫《つらぬ》き、一九五四年九月二十五日に韓国政府に対し、竹島の領有権問題を国際司法裁判所に提訴しようと提議しました。しかし韓国はこれを拒否し、以後ずっと不法占拠を続けてきているわけです。

日本の漁業は「李承晩ライン」のために大きな圧迫を受け続けてきましたが、一九六五年六月の「日韓基本条約及び諸協定」の調印でようやく国交が正常化し、「李承晩ライン」が廃止されました。しかしこのときに竹島問題は紛争処理事項として先送りされたため、いまなお韓国は沿岸警備隊を竹島に配置して実効支配を続けているわけです。

●猛然と沸き立つ反日の嵐——呉

二〇〇五年の二月二日、島根県がテレビCMで竹島の領土権を主張し、二月二十二日を竹島の日と定める条例のアピールなどを流しはじめました。これに対してネチズン（インターネット・シチズン）たちの反日熱が猛然と沸き立ち、慶尚北道《けいしょうほくどう》議会と鬱陵郡議会が相次いで日本糾弾行事を開催するなどの大騒ぎとなったわけです。

その反日熱の盛り上がりの中で、二月二十三日に高野紀元《たかのとしゆき》・駐韓日本大使（当時）が、ソウルプレスセンターで開かれた外信記者クラブ招請の記者懇談会で、韓国人記者の質問に答えて「歴史的に、また法律的に竹島は日本領土だ」と発言しました。大使としては、面と向かって「竹島は日本領土と考えているか」と問われればそう答えるしかなかったわけです。反日熱を煽《あお》りたい新聞が、大使にそう言わせたいがための意図的な質問でした。

案の定、韓国の新聞は大使の発言をとらえて、「日本はあえて独島問題を持ち出して我々に挑戦してきた」、火をつけたのは日本だと、大々的な反日キャンペーンを展開したんです。この追い風を受けて政府が大きく動き、「対日外交戦争」を宣言するに至ったというわけです。

●地図を捏造してまで歴史を歪曲——井沢

韓国では「独島（竹島）を昔は于山《うさん》島と呼んでいた」と主張していますが、これは誤りです。韓国の古文書『高麗《こうらい》史地理志』には、「鬱陵島は新羅《しらぎ》時代には于山国と呼ばれていた（傍点・井沢）」とあります。また、同じく韓国の古文書『太宗実録』には「于山島には八六人が住み、一五戸の家があり、畑があった」とありますから、于山島が無人の岩礁島である竹島のわけがないんです。于山島は鬱陵島の古い島名だったんですね。

韓国が「独島（竹島）を昔は于山島と呼んでいた」という根拠に挙げているのが、韓国の古文書『東国輿地勝覧』に記載された「八道総図」です。この地図では、于山島と鬱陵島が別々の島として並んで描かれています。ところがこの地図では、于山島は鬱陵島の西側に描かれているんです（29ページ参照）。本来の竹島（独島）は、鬱陵島の東方に位置しているわけですから、この于山島が竹島であるわけがありません。

そこで韓国では、これではまずいということになったんでしょうか、この地図の捏造をやってのけたんです。韓国の独島記念館にこの地図のレリーフがありますが、そのレリーフでは、于山島の位置がなんと鬱陵島の東側に書き換えられているんです。こういう、明々白々たる捏造をやっているんです。

韓国の評論家の金完燮《キム・ワンソプ》氏が、『親日派のための弁明』（原題『親日派のための弁解』／荒木和博・荒木信子訳／草思社刊）の中で、竹島問題に触れてこう言っています。

「この問題に関して中立的な立場にあるアメリカの場合、一九九九年に太平洋艦隊司令部が作成した地図をみれば、東海を日本海と表記し、ドクト（竹島）は日本領土と明記されている。また香港の『ファー・イースタン・エコノミック・レビュー』が一九九六年にドクト（竹島）問題に関連して行なった世論調査をみれば、ドクト（竹島）を韓国の領土だと考える国は世界に一つもないということがわかる」

そういうわけで、竹島が韓国領土だという歴史的な根拠もなければ、国際的に韓国領土と認める国だってない。にもかかわらず、韓国はその主張を決して引っ込めることはしません。あくまで捏造による歴史歪曲を続けるばかりです。いったいどんなこだわりがあって、竹島は韓国領土だと言うんでしょうか。まったく理解ができません。

韓国の悪どい歴史捏造

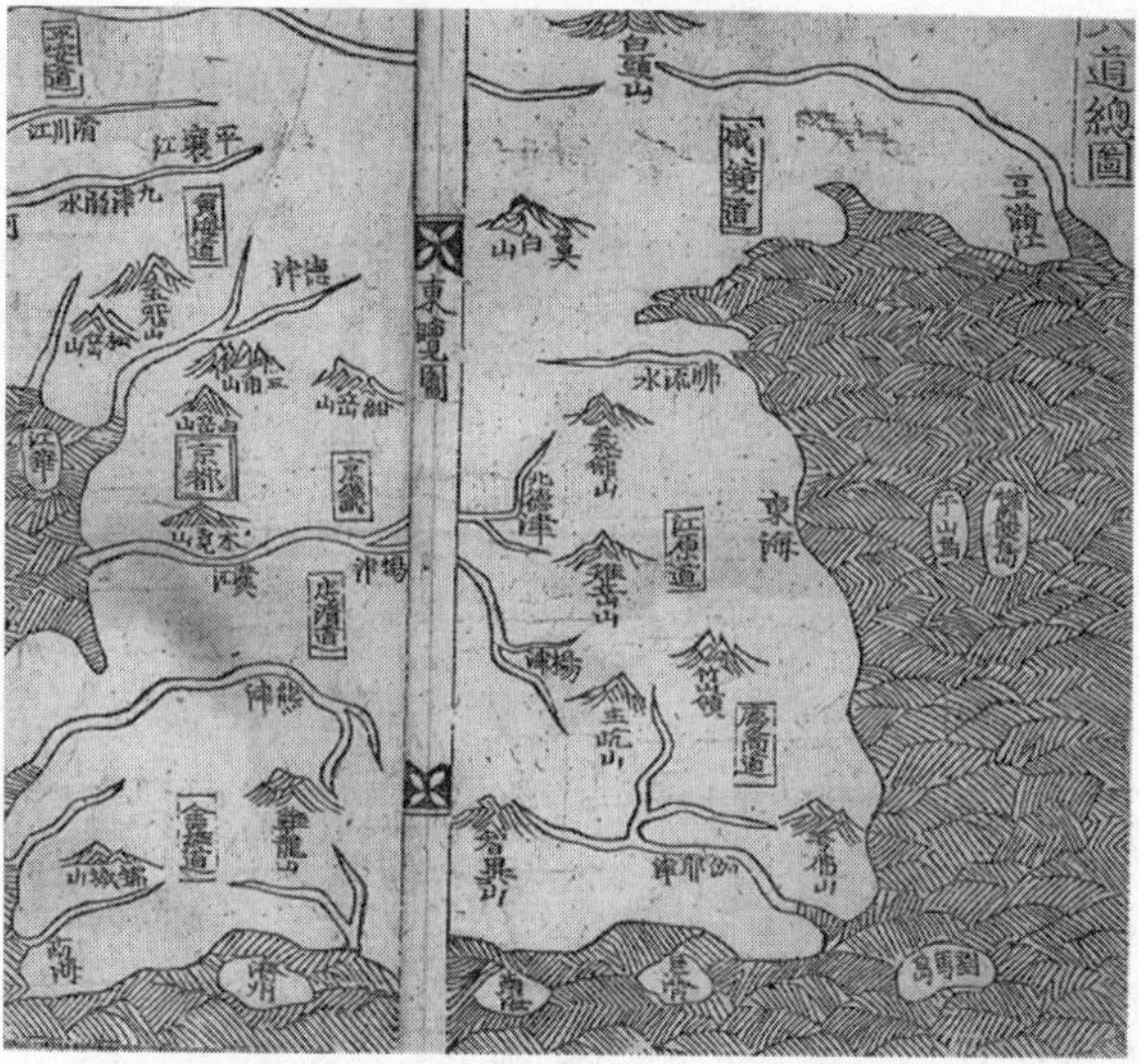

韓国が竹島（独島）領有の根拠に挙げる『東国輿地勝覧』中の「八道総図」。だが画面右側の海中に浮かぶ「于山島（韓国説で＝独島）」は鬱陵島の西側に描かれ、実際は同島の東に位置する竹島であるはずがない。
ところが独島記念館においては、「于山島」が鬱陵島の東に位置するように書き換えられた地図が掲示されている。

●日本は韓国に配慮する必要などまったくない――呉

韓国は「独島を死守することは民族の自尊心の問題だ」と一貫して主張していますね。独島は反日民族主義のシンボル的な存在ですから、これを退くわけにはいかないんです。もっとも、本気で「死守」とか騒いでいるのは、一部の過激なプロ民族主義活動家たちだけです。彼らが大きく騒ぐので、政治的には反日煽動にもってこいの材料ともなっているんです。

テレビではよくソウルや独島での過激な示威行動が映し出されますが、あの人たちは大部分が大韓民国光復会や大韓民国在郷軍人会などに巣くうプロ民族主義活動家たちであり、一般市民の集団ではありません。

そのほかで竹島問題で抗議行動をよく起こすのは、独島に関係する自治体の議員・職員たちです。これは「郷土愛」を発揮することが善とされているからで、彼らはこのときに限って過激な民族主義者になるわけです。

たとえば慶尚北道の道庁公務員らは、二〇〇五年に島根県との姉妹都市関係を撤回したときに、「帝国主義打倒」「姉妹血縁破棄」などと書いた大型の日章旗を道路の上に広げ、出勤する職員の車にそれを踏ませたり、道議会議員と事務職員が議会の前庭で糾弾大会を開いて日章旗を燃やしたりしました。これに多くの一般市民は参加していません。

私は二〇〇五年の騒ぎのときに韓国に行っていましたが、反日の動きを形づくっているのは明らかに、プロ反日家集団の突出した言動、大統領以下の政治家・知識人たちの強硬発言、テレビの連日にわたる報道、インターネットに飛び交う過激な言辞でした。大規模な大衆運動が全国的に展開されているわけではないんですね。

最近（二〇〇六年）では、政府やプロ民族主義活動家たちの過激な言動への批判は少なくないんです。ただその言い方は、かえって日本を利することになるから、というものなんですね。でも本当は、韓国のほうが損をする、ということなんです。もちろん、日本との取引なしには韓国のビジネスが成り立たないからです。

たとえば二〇〇五年のときには、全国経済人連合会（全経連）会長が記者懇談会で、「独島問題をめぐり韓国と日本両国が感情的に激昂《げっこう》することは、何らプラスにならない」「過度に日本を刺激することは慎まなければならない」と述べています。金大中《キム・デジュン》元大統領も、「（独島問題が）過度に複雑になる場合、かえって紛争化を誘導する日本の戦略に巻き込まれるかもしれない」として、盧武鉉の強硬一辺倒の対応は逆に日本を利するとウリ党指導部に「忠告」していました。

ようするに、「押したり引いたりでやろう」ということなんですね。竹島問題での騒ぎはこれからもたびたび起きるでしょうが、日本は何ら恐れる必要はありません。言うべきことをきちんと韓国へぶつけていけばいいと思います。韓国政府はすぐ「日本は国民の心情を踏みにじった」とか言いますが、本当は国民の心情などではなく、歴史を捏造してつくり上げられた民族幻想なんですから、配慮なんかする必要はどこにもありません。

第一章　日本人に理解できない「反日」の構造

1 理不尽なイチロー・バッシングの謎

●愛国主義の犠牲になった看板サッカー解説者——井沢

韓国の民族主義がいかに過剰で排他的かを、二〇〇六年のFIFAワールドカップ・ドイツ大会で改めて感じさせられました。それは何かというと、韓国は一次リーグの対スイス戦（六月二十四日）で敗退しましたが、この試合で「主審の誤審」を支持したということで、韓国SBSの看板サッカー解説者の辛文善《シム・ムンソン》氏が降板させられた事件です。スポーツ番組の解説ですら、韓国には言論の自由も何もあったもんじゃないんですね。

スイスのFWが二点目のゴールを決めたとき、副審はオフサイドのフラッグを上げたんですが、主審は手を振って試合を続行させました。このときに辛氏は「ボールがDFに当たってからゴールしたのでオフサイドではない」と解説しました。しかし他局の解説者はことごとく、「明らかなオフサイドだ」「誤審だ」「詐欺だ」と怒りまくって解説したんですね。それで一局だけ主審の判断を支持したSBSには抗議の電話や視聴者掲示板への書き込みが殺到し、大変な騒ぎになりました。「非国民だ」「愛国心に背《そむ》く」「やめさせろ」というわけです。

それで結局、SBSは決勝まで解説を担当する予定だった辛氏を番組からはずしてしまった。泣く子も黙る民族主義とはこのことで、過剰な愛国主義の犠牲になったと言うしかない事件ですね。

主審の判定を誤審と見るか、正当なものと見るかは個人の自由じゃないですか。しかし韓国ではそれを、民族主義・愛国主義から見なくてはならないんですね。

当然抗議はあっていいけれど、試合を進行する主審の判定はやはり尊重されなくてはならない。それがスポーツというものだと思いますが、韓国ではそうではないんですか。

●スポーツは民族主義の格好の発露――呉

まさに、そうではないんですよ（笑）。辛文善氏はとても勇気のある方ですね。事件後のインタビューで「九〇年以降韓国のサッカーは偏狭な民族主義の道具になってしまった」と言っていますが、まったくその通りです。韓国がベスト4になった二〇〇二年のワールドカップでは、韓国に有利な判定がたびたびあって、相手国から盛んに異議が出されましたね。そのときに韓国人は「負けた奴が何を言っているか」と猛烈に反発したわけです。それで自分たちに不利な判定が出ると、「負けた奴」なのにもかかわらず常軌を逸して騒ぎ立てるんです。

スポーツは民族主義の格好の発露となっていますから、日本が相手となると国内はそれこそ騒然たる興奮状態に包まれます。

●なぜ韓国からだけバッシングが起きたのか――井沢

その好例が二〇〇六年のWBC（ワールド・ベースボール・クラシック）で、このとき韓国では、ゲーム前から日本に対する異様な敵対ムードが高まっていましたね。日本は韓国に二回負けて三回目に勝ち、見事優勝しました。イチローがすぐれたリーダーシップをとったということで、日本ではとても評判がよかった。

一方、韓国のファンは日韓戦でイチローを口汚《ぎたな》く野次ったり、イチローがファールフライを取るのを観客席から邪魔したりという光景が、テレビで映し出されました。イチローに明らかな嫌悪感を持っていることがよくわかりました。

グラウンド上の選手にしても、二次リーグでイチローのファウルボールを捕った三塁手が、ベンチに引き上げるイチローの足元に意識的にボールを転がしたりしている。一次リーグでも韓国投手がいきなり一球目にイチローに死球を与えましたが、これも大会前のイチロー発言への報復ではないかと言われました。

イチローが韓国からバッシングを受けることになったその発言とは、WBC開幕前の記者会見における発言を指します。イチローはこう言ったんですね。

「相手チームが三〇年間、もう日本には手を出せないと思うぐらいの勝ち方をしたい」

こう言っているわけですが、韓国のマスコミを見ると、その「相手チームが」が「韓国が」になっているんです。つまり、韓国などに負けないぞ、韓国が三〇年間は日本にはとうていかなわないと思うほどに勝ってやると、そういう言い方をしたとなっています。

私は当時のビデオテープを確かめてみましたし、また記者たちにも聞いて確認をとってみましたが、イチローは「韓国が」なんて一言も言っていない。ところが韓国のマスコミは、これを韓国と結びつけて、しかも「日帝三十六年の支配」というのと結びつけて、明らかにイチローを悪者に仕立て上げ、偏狭な愛国心を煽ろうとしたわけです。『中央日報』の記事を例にとると、こんな具合です。

「イチローは国家代表などの行事に最も消極的な選手だったが、今回のWBCには日本メジャーリーガーの打者のうち唯一参加した。愛国心を強調しながら韓国に対し『向こう30年は日本に手は出せないと思わせる』と大言壮語した」(『中央日報』日本語電子版・二〇〇六年三月十七日)

イチローは韓国に対してなんて言っていないんです。あくまで、戦うことになる相手チーム全般について言っているわけです。これは明らかな捏造ですね。こういうことをやるというのは、ジャーナリストとして、それ以前に人間としてきわめて卑劣なことです。韓国は野党もある民主主義国家で、選挙による政権交代もきちんと行なわれている国です。そういう国では、マスコミも民主的かつ公平であるはずです。しかも『中央日報』は三大新聞の一つ。その編集幹部が、世界的には絶対通用しない、もし訴えられたら確実に負けるようなウソを書く。こういう神経も、何の疑いもなくそれに乗ってしまう国民性も、私にはまるでわからないんですが、これはいったいどういうわけなんですか。

●日本への劣等感を拭い去る仕掛けとは――呉

韓国のマスコミだけではなく、韓国の知識人のほとんどが、世界性という自覚なしに平気で自分たちに都合のいい発言をするのが習いになっています。先ほどのサッカーの事件がいい例ですが、とくに対象が日本となると、世界に通用するかしないかなんてまったく眼中になくなります。今回のイチローに対するいろいろな攻撃は、日本に対してぶつけたいことを、そのままイチローにぶつけたものなんです。イチローは日本の英雄的な存在ですからね。しかも、今回の野球ではイチローが日本チームのリーダーシップをとりましたから、イチローを叩《たた》けば即日本を叩いている気分になれるわけです。こうなると韓国人は燃えるんですね。日本相手にワーッと燃えるには、反日気分を盛り上げるのが一番。そこで新聞は、イチロー発言の言葉尻をとらえて、国民の気分を反日へ持っていったというのが実際のところです。

民主国家であるはずの韓国がなぜ、ということですが、韓国は形の上では民主国家の体裁をとっていますが、内実でも民主国家だと思ったら大間違いです。

そのことはひとまず置いておくとして、マスコミ報道がきわめて偏向したものになっているのは、韓国ではいまだ知識人の思考が世界性を持てるレベルにないということに加えて、韓国人には日本に対する強い劣等意識があるからなんですね。民族意識としては、世界に冠たるわが民族という自民族優越主義を持つわけですが、実際には、戦前には日本に統治されたし、戦後もずっと日本の後を追い続けてきたという国力の現実がある。これが我慢ならないんです。偏向報道の原因もここにあります。

本音では、経済力でも技術力でも日本にはとうていかなわないと思っていますから、このイライラというか葛藤《かっとう》を、底のほうで抱えているわけです。

こういう気分に一定の開放感を与えてくれるのが、一つは「日本人は不正義である」と思えること、もう一つは「日本人は倫理的に劣っている」と思えることなんです。我々のほうがずっと優秀なのに、なぜ優秀ではない日本が我々よりも上にいるのか、それは日本が不正義なやり方をしているからだ。日本人が不誠実な倫理の持ち主だからだ。そう思えれば、自分たちは決して日本人に劣ってなんかいないんだと、劣等意識の傷が慰撫《いぶ》されますよね。

ですから、何か事があれば日本を不正義へと持っていく。それがかなり強引でも、ウソっぽくても、慰撫されたくて仕方ないわけですから、積極的に乗っていくことになるんです。これで、とても気分がよくなって元気になる。そういう心理が強いので、そこをくすぐられるともう、民主も公平もなくなりますね。

●勝つためには何をしてもいいのか――井沢

なるほどねえ。でも、スポーツマンシップという言葉がありますね。勝負というのはフェアにやらなければ意味がないわけです。たとえば観客がイチローがボールを捕るのを邪魔する。アメリカにもそういう客はいますけれど、邪魔したり罵声《ばせい》を浴びせたりして勝っても本当に勝ったことにはならないと思いますが、それでもいいんですか。あるいはどんな汚い手を使ってもいいのかな。

●負けを認めないねじくれた対日優越意識――呉

それでいいんですよ（笑）。その前に日本が不正義なことをやった、倫理にもとる、卑劣な国だとなっているわけですから、それ以上の悪はないので、もう何をやっても許される、いやそれを上回るくらいの酷いことをやったほうがいいとなるんです。とにかく日本に限ってはスポーツがスポーツではないんです。半分これは戦争ですからね。

韓国選手の誰かも韓国のテレビインタビューに答えて、子どものころから何についても日本には負けてはいけないという気持ちをずっと持っていたので、この試合では死んでも負けてはいけないという気持ちで戦います、必死になって戦いますと言っていました。明らかに戦争みたいなものとして考えられています。

劣等感の一方で、反日韓国人の根本にあるのは侮日意識なんです。朝鮮半島では伝統的に日本人を文化果つる地の未開人・野蛮人とみなしてきました。そこで、今日の日本があるのは我々が文化を与えてやったお蔭だと主張する。ですから反日感情のもとにあるのは、そういう野蛮な日本人が恩を忘れ、優秀な文化人である我々を支配下に置くという卑劣なことをした、これは倫理にもとるとうてい許し難いことだというものです。日本民族の歴史的な資質が野蛮であり悪なんだという考え、これが反日思想の根本にあるものです。日本による植民地化は、その結果もたらされたものだとなるんです。

もはやスポーツの発想じゃないんです。いくら負けても負けを認めてはいないんです。日本的ないさぎよさなんて、韓国人には通じないですよ。そこが多くの日本人にわかっていないから、いったいどういうわけか、スポーツマンシップはないのかということになるんですね。負けたと認めることは、公的に日本の下につくことを意味します。これは耐え難い。だから、何らかの不正義やら非倫理やらで負けさせられたという気持ちを持つことで、優越意識を保持しつづけようとするんです。

●イチローのサイン色紙を破り棄てた韓国人——井沢

そうなると、もう感情論以外の何ものでもないですね。

韓国人が儒教に基づく文化的優越意識から、昔はこっちのほうが文明国だったと言うのは、まだわからないでもないですよ。だけど少なくとも野球に関していえば、日本のほうが歴史は長いわけです。だから当然日本が勝って当たり前と言うと怒られるかもしれないけれど、日本に負けても仕方がないと思っていいわけじゃないですか。野球で韓国が日本に優越意識を持たなくちゃならない理由はどこにもないでしょう。

相手が勝ったなら相手を讃《たた》えればいいじゃないですか。せいいっぱいの努力をしたけれども、それでも勝てなかったのだから相手は偉いと、そうは考えないんでしょうか。呉さんが言われたことからすると、スポーツじゃないんだからということになるんでしょうが、どうにもわからないんですねえ。

イチローが「韓国に負けたのは自分の人生で最も屈辱的なことだ」と言ったことを、大《おお》橋巨泉《はしきょせん》氏は「これは世界の常識でいえば人種差別発言だ」と言いました。でも、あのイチロー発言だけとってみれば、まあ売り言葉に買い言葉だと思います。韓国に負けたときに屈辱的だと言えば、それならアメリカに負けたのは屈辱じゃないのかよ、みたいな差別的なニュアンスがあることは事実です。

でも、イチローはそれまでずいぶん韓国に嫌がらせをされていたわけですよ。これは複数の週刊誌に載っていたことですが、イチローがマリナーズで韓国人のファンからサインをしてくれとせがまれてサインをしたら、その場でその韓国人はイチローがサインした紙を破ってみせたそうですね。そんなふうに、日本人が大事にしているもの、日本人が尊敬しているものに、あえてツバを吐きかけるような行為をすることって、韓国人は喜ぶんですね。

そもそもイチローの「三〇年間云々」の発言に、台湾も中国も別に怒るなんてことはなかった。名指しで言われたとは、当然思わなかったからです。でも韓国のマスコミだけは、韓国に対して言ったんだと、まったくウソの報道をして国民に火をつけたわけです。

●日本人にみっともなく見えることが、韓国人にはかっこいい——呉

先ほども言いましたが、韓国人は本音ではあらゆる点で日本の力を認めているんです。ただ、決してそれを公《おおやけ》に言おうとはしない。そこに特有のひねくれがあるんです。野球の歴史ということでも、日本が先輩だということを認めていて、しっかり学ぼうという気

持ちがありますし、日本の野球のほうが実力が上だということもちゃんとわかっているんです。本心を言えばね。だからこそ、日本に勝つことがすごいことになる。喜びも大きい。これは野球以外のあらゆる面について、同じようにいえることです。

日本人にいわせれば、それなら最初から日本はすごい、我々はまだまだだと言えばいいじゃないか、それで勝ったら余計すごいとなれるじゃないかとなるんですが、韓国ではそうはならないんですね。嫌なことでも事実ならば率直に認めるとか、相手を立てるとか、へりくだるとか、そういった身の処し方は、韓国ではまるで美意識にはなっていないんです。

日本人からすれば、韓国人の姿勢はスポーツ精神としても実にみっともなく見えるかもしれませんが、韓国人にとっては、日本人にはみっともなく見えることが、逆にかっこいいことなんです。そこがわからないと、単なる陰湿ないじけと見ることで終わってしまいます。事実はもっと習俗的なものなんです。

表面に出る態度や姿勢がかっこよく立派であること、そうあるように振る舞うことが韓国人には素晴らしいことなんです。日本人は、世界でも最も「眼前の事実」と真摯《しんし》に向き合う人たちだと思いますが、韓国人にとっては「眼前の事実」がどうあろうと、常に自分の力がいかに優れているかを、態度・姿勢・言葉で示すことが大事なことなんです。ですから、何事についても自信たっぷりに威厳を示すということになります。

これは、身分、階級、長幼などの序列を、言葉や服装や身体行動ではっきりと示すことをもって、国家社会の秩序、制度をよく保っていこうとする、儒教でいう「礼」の思想に由来するんです。相手は下位の日本人だとなるわけですから、どうしたって「眼前の事実」として日本が上だということは、考慮の外になるんです。

●韓国人の中にある対日優越意識――呉

先ほど、イチローの「屈辱的だ」という言葉に差別的なニュアンスがないとは言えないという意味のことをおっしゃいましたが、それを聞いて井沢さんもやはり日本人なんだなと思いました。相手の言い分を全面的に否定しないで、余地を残そうとされていますね。私はあのイチローの言葉を、目いっぱい向き合って戦って敗れてしまったという、自分自身の不甲斐なさに向けて放った言葉だなと感じました。屈辱を受けたと感じるからこそ雪辱という言い方が出てくるわけですよね。スポーツマンってそうなんじゃないですか。

そもそも、世界のイチローが、たかだか韓国に負けたくらいで、あれだけの言葉を吐いたことに私は驚きました。韓国をミソッカス扱いしないで、はっきりと一人前扱いしている。いや、スポーツマンなんだなと思いました。まあ、弱い相手にたまたま負けたんだよ、そういうこともあるさとか、涼しい顔をしたって、イチローならばいいのにね。でもそうしないで、まともに向き合ったイチローにとても好感が持てました。

こう言うとまた複雑になりますが、内心でそういうふうに感じている韓国人は少なくないはずなんです。おかしな国民だと思われるでしょうが、内面はいたって普通なんです。内在的な意識では日本人への共感はとても深いんです。だから日本文化をあんなに受け入れているんだし、村上春樹《むらかみはるき》やよしもとばななもよく読まれもするんです。

ついでに言いますと、韓国人は「日本人は韓国人を差別している」と口では言っていますが、実際にはそうは思っていません。それよりも、自分たちの日本人に対する差別意識のほうがずっと強いんですからね。対日優越意識のほうが断然強いんです。

●反日の狙いは対日優越意識の鼓舞にある——井沢

韓国人のほうが日本人に差別意識を持っていると、それは対日優越意識によるものだとすると、イチローが「三〇年間は云々」という発言をしたので、これに飛びついて、ちょっと色をつけて国民の優越意識を煽ったということなんですね。ようするに、反日騒ぎというのは差別に対する怒りに支えられたものというより、優越意識が呼び覚まされての優越意識の発露や鼓舞であり、もっと言えば日本差別、日本侮辱意識の現われなんだということになるわけですね。

国民の間では、ちょっと火をつければ対日優越意識が燃え上がるようになっていて、政府やマスコミは必要に応じてそのネタを探してくる、みたいな感じですね。若い人たちでもそうなんですか。最近の若者は反日感情が薄いのではないかと言う日本人がかなりいるようですが。

●インターネットに舞台を移す韓国若者の反日行動——呉

全般的には盧武《ノ・ム》鉉《ヒョン》政権（二〇〇三～〇八年）以後、反日の様相が大きく変わっているということがあります。そうした中で若者の反日感情の表わし方にも大きな変化があります。

二〇〇五年の春、竹島問題をはじめとする反日騒動が激しく展開されましたね。あのとき街頭デモに繰り出して、テレビに映し出された人たちのほとんどが年配の人たちでした。人数はわずかなものでしたけれど。それで、反日で騒いでいるのは旧来の韓国人ばかりじゃないか、いまの若い世代では反日感情が薄くなっているんじゃないかという印象を強く受けたとおっしゃる日本人が多いんですね。

実際に韓国へ行って街を歩いている若者たちを見ても、まったく日本の若者たちと変わらない、日本の流行がそのまま韓国に見られます。もう日本への抵抗感がなくなっているんだな、韓国はすっかり変わったなというイメージを持つ人が多いようです。それに加えて韓流ブームですから、どんどん日韓が仲よくなっていっているように感じられてくる。

しかし、若者の反日感情の表現の仕方が変わっただけのことで、内実はまったく変わっていないんです。彼らの世代では、たとえば日本大使館に行って投石する、みたいなことはスマートじゃない。中国では街頭で過激な反日デモを展開したり、ものを投げたり、日系商店や日本商品を売る店を壊したり、ということをしていますけれど、韓国の若者たちは、あれはアナログ的なんだとバカにするんです。それで、我々はそうじゃない、時代の最先端で反日行動をするんだ、それがインターネットなんだと言うんです。

表に出てワーワー言うときには盛り上がるけれど、自分の主張を訴えることはまったくできない。でもネットだと、一人一人の主張をいっせいにぶつけられる、これが我々の世代のやり方だというわけです。

で、その主張なるものを見てみますと、まさに罵詈雑言の限りが尽くされているんです。日本語ではとても表わせない汚い悪口に満ち満ちています。とくに2ちゃんねる的なサイトでは、何を言ったって自分の正体がわかりませんから、もうメチャクチャです。侮辱語、侮蔑語のオンパレードです。

街頭デモに匹敵するのがサイバー攻撃なんでしょうか。日本の関連サイトに、いっせいに抗議メールを送ってパンクさせようとか、そういう呼びかけをあちこちでしていますし、実際に日本のサイトがかなりの被害を被《こうむ》っていますね。

この章の冒頭で取り上げたサッカー・ワールドカップの韓国対スイス戦で、誰が言い出したかＦＩＦＡ（国際サッカー連盟）のサイトに抗議のメールが五〇万通届けば、再試合が認められるというデマがあっという間に広まって、抗議メールがそれこそ殺到したため、ＦＩＦＡでは韓国からの回線を打ち切るという騒ぎがありました。これなど本当に韓国らしいエピソードですが、インターネット時代を象徴する事件でもありました。

2　新たな反日への動き

●反日の様相は、どう変わってきているのか——井沢

先ほど、盧武鉉政権以後に反日の様相が変わってきていると言われました。それは一連の過去史究明を軸とする、「親日反民族行為真相究明特別法」などの法律制定にかかわることだと思いますが、だとすれば、そこにはどういう目的があり、どういう理由があるんでしょうか。

●親日派一掃を目指す盧武鉉大統領の本当の狙い——呉

盧武鉉政権になってからの反日政策の最大の特徴は、反日の向きを国内に向けたことにあります。これは、国内の親日派、あるいは国内の親日的な要素の一掃を重要な政治テーマとしたことです。いまおっしゃった通り、過去史究明というのがその名目です。

ところがこの過去史究明というのは、そもそもは一九九七年の外貨危機から韓国経済がIMF（国際通貨基金）管理下に置かれて以後、韓国経済の脆弱《ぜいじゃく》さを思い知らされて、こんな事態を引き起こした自分たちの問題点を見つめよう、韓国の歴史を、過去を反省することを通して見つめようという、戦後はじめてのまともな動機にはじまるものだったんです。

その少し前に、韓国の百貨店やソウルの橋が崩壊するという事故がありまして、それで調査したところ、戦後韓国が架けた橋は、ことごとく危険な状態にあるのに、日本統治時代に日本が架けた橋はとてもしっかりしているということがわかった。これがきっかけともなって、日本に学ぼうとする機運が盛り上がりはじめていたんです。それでIMFの管理下に置かれて以後、反日一辺倒だった戦後韓国の政治を批判し、また日本評価を手がかりに韓国を自己批判していこうとする新聞論調が盛んになり、日本を評価する本が出されるようになりました。

そのころから、かつてのような大衆的な反日デモが姿を見せなくなったんです。ここは、とても重要な変化なんですが、日本ではいまだによく理解されていません。テレビでは派手な反日行動がクローズアップされて放映されますし、新聞の過激な論調や政府の一方的な反日姿勢が大きく紹介されますからね。

社会の表面では反日の声が強いものの、実際にはかつてのような全国的な反日大衆運動の盛り上がりは影を潜めているんです。全国的に一般大衆が立ち上がるといった大規模な反日街頭デモは、すっかり起きなくなっています。そのため、プロの反日活動家たちはしきりに国民を煽動しようと、意図的に過激な言動を展開するようになっているというのが現実です。

それで、「韓国は国を挙げての内省の時期に入った」という国民的合意ができ、それが若い世代の「世代交代」の要請と呼応して、盧武鉉が大統領に就任したんだと言えます。盧武鉉が大統領選挙で言ったことは、「戦後韓国の政治・経済・社会のあり方への根本的な批判と内省を通して、新しい韓国を建設しましょう」でした。

ところが彼は、その「根本的な批判と内省」を、「日帝時代に親日行為を働いた者を野放しにしてきた戦後韓国」の「根本的な批判と内省」へと巧妙にすり替えていったんです。

その狙いに、当初は新聞も野党ハンナラ党（現セヌリ党）も気づいていませんでした。過去の親日行為をきちんと批判して自分たち自身の過去を清算しましょうというのですから、それはいいことだと賛成した。それではそういう法律を作りましょうとなった。それが先ほどおっしゃった「親日反民族行為真相究明特別法」、後に改め「日帝強占下反民族行為真相究明特別法」なんですね。最初は、日本統治側の中枢に位置した者を形式的にリストアップして記憶にとどめておく程度のことでしたから、反対する理由はない。

ところがその親日派の範囲がだんだんと広げられていって、下級官僚や民間企業家や幹部社員にまで及ぶとなって、新聞をはじめとするマスコミもようやくその狙いに気づくことになったわけです。その狙いの一つは、陸軍少尉だった朴正熙《パク・チョンヒ》元大統領に売国奴の烙《らく》印《いん》を押すことにありました。野党ハンナラ党の党首（当時）・朴槿恵《パク・クンヘ》女史は、その娘さんですから、この法律が施行されれば彼女は売国奴の娘ということになって、もはや政治生命が断たれることになってしまうわけです。

こうして、結局のところ、戦後韓国の歴代政権の歴史を全否定し、その反対勢力だったかつての北朝鮮派や共産ゲリラこそが真の愛国者だったと主張しはじめ、彼らを国家が堂々と顕彰する動きにまで発展していったわけです。

●戦後の韓国史を否定する暴挙――井沢

「親日反民族行為真相究明特別法」の制定趣旨というか、その目的は、まず第一に野党であり、政敵であるハンナラ党党首の朴槿恵氏の追い落としなんですね。お父さんの朴正熙元大統領は元日本陸軍の少尉でした。そこで、政敵を追い落とすために法律を利用しようとした。たしか、最初は対象は大尉までだったのが、後に朴氏までが対象に含まれるようにと少尉にまで引き下げたんでしたね。それで、狙いを知らずに乗ったハンナラ党もようやく気づいた。

でも、世界の常識でいうなら、父親は父親、娘は娘なんです。極端なことを言うと、父親が死刑囚であったとしても娘は関係ないというのが本来の民主主義社会の話であるはずですが、韓国ではそうはならないんですね。儒教の連座制そのままですね。連座制で親の罪は子の罪という社会常識がある、だから父親の朴正熙元大統領が罪人となれば、その娘は当然ながらその責任上、政治的・社会的な地位を捨てなくてはならない。それが韓国社会の要請だということなんですね。

だから、いまの日本の若い人は日帝支配にはまったく関係のない世代だけれど、日帝世代の子どもであり、孫であることからあなたたちも同罪だと、糾弾の対象になるんですね。過去の歴史を知ることは大切だけれど、親の罪を子が背負うべきであるというのは絶対におかしい。

まったくこれは国民性の問題です。

戦後の韓国は李承晩《イ・スンマン》大統領の下にはじまりますが、李承晩政権の政府要人の大部分は日本統治時代のエリートたちですよね。彼らが政治指導層として、戦後の韓国の建設に大きな力を尽くした。彼らの出身がどうあれ、彼らの建国に捧げた努力は尊重すべきでしょう。これを出身が気に入らないからという理由で、やったことそのものまでも否定してしまう。そうなると、戦後の韓国の歴史をことごとく否定してしまうことになるんじゃないですか。

●北朝鮮の戦後史のほうを評価する歴史観──呉

その通りです。全否定なんです。結局のところ、だんだんとはっきりしてきたことは、戦後北朝鮮の歴史のほうが立派だった、と言いたかったんだな、ということです。最近の高校の教科書『韓国近現代史』(金星社)でも、韓国のセマウル運動という農村改革を否定して、北朝鮮の千里馬運動という毛沢東《もうたくとう》思想の受け売りで行なった農村改革、実のところは多数の餓死者を出した大失敗の政策を、高く評価していて、この教科書がたくさんの学校で採用されています。

この一、二年で、「過去史清算」を掲げた団体が、官民でたくさん立ち上げられています。民間では政府に迎合した運動家たちの過去史清算団体があり、その反対に政府の調査活動を監視し、調査結果を検証して発表することを目的とする団体もあります。

一方官界では、政府の「親日真相究明委員会」とは別に、長官（大臣）クラスの委員長による「真実と過去に向けた過去史整理委員会」という大きな組織があります。また、国家情報院、軍、警察もそれぞれに過去史委員会を発足させています。

調査とか言っていますが、韓国に去年私が帰ったときにも見ましたが、小学校や役所の正門前に、「親日的な行為をした人たちを申告する期間」といった内容の掲示を出すくらいのことしかしていないんです。ここが韓国らしいでしょう。表では大まじめに国内親日派を徹底的に一掃すると言っていて、実際にやることはまるでいい加減なんですから。

●事後立法で過去を裁く愚――井沢

その法律は、具体的にはどういうふうに適用されるんですか。

たとえば時効とかがあるじゃないですか。親日行為といったって、もう何年も前のことでしょう。殺人犯だって日本だったらいまは一五年経《た》ったら時効（二〇一〇年四月二十七日に殺人罪の公訴時効廃止）ですから、罪には問えません。しかもこれは事後立法でしょう。つまりかつては犯罪じゃなかったものを、後になってから犯罪だとする法律では、その法律が成立する以前の犯罪は罰せられないというのが近代法の原則です。

それでも、ということになると、『東亜日報』『朝鮮日報』もやられてしまいますね。かつては親日的なニュースを堂々と流したわけですから。

●「親日派」と名指しされた人たちの弁明――呉

親日行為というのは、近代法でいう犯罪とはちょっと違うんです。法的に罰するわけではなくて、一定の社会的地位にあって親日行為を働いたとみなされる者たちの名簿を作るわけです。ただ、事情聴取に出頭しなかった者は義務違反で拘束できるようにはなっています。

ようするに、売国奴名簿を作るわけです。そうすると、その子孫は事実上、家の名誉を剝奪《はくだつ》され、社会的な辱《はずかし》めを受けることになります。これは血縁主義社会の韓国では、大きな苦しみとなります。そして、親戚《しんせき》一同は強力な社会的圧迫を受けることになりますから、公職には就《つ》けなくなります。その子孫が現職の大学教授だったら、まず教授会は追放を決議するでしょう。これって、北朝鮮の出身成分の考えとまったく同じものですね。

また、二〇〇五年十二月には「親日反民族行為者財産国家帰属法」という法律が制定されて、親日派とされた人たち、あるいはその子孫が受け継いだ土地を、強制的に国家が収容できることになっています。

いまのところは、新聞が一番精力的に政府のこういうやり方を批判していますが、韓国の新聞のスタンスはいつも反政府なんですよ。国内向けには立派なことを言うんです。でも、反日問題になると、政府とまったく一緒になってしまいますから、新聞はどうしても腰砕けになってしまう。野党のハンナラ党にしても同じことで、徹底してこの法律に反対できないんです。反日という「正義の御旗」が法律の核にありますからね。

この法律でいけば、誰も彼もが引っかけようと思えば、引っかけられるわけです。実際、ハンナラ党の調査によって、与党であるウリ党の幹部議員の父親に日帝時代の幹部がいることがわかって、何人かの議員が仕方なく辞職しています。中にはなんと首相までいたんですよ。これで彼らは二度と政治家にはなれないでしょうね。

『東亜日報』もかなりやり玉に挙げられたんです。かつて、新聞紙上で「天皇陛下万歳」をしたことがあったんですね。これで問い詰められると『東亜日報』は、総督府に新聞記事を検閲されていたから、そう書くしかなかったんだ、そう書かなければ命にかかわったんだ、だから仕方がなくそう書いたんだと弁明するんです。そういう屈辱に耐えた苦しみを理解しようともしないで、現在の価値観で親日派だと決めつけるのは、本当の歴史を知ろうともしない無知そのものだと反発しているんです。

これは、親日派と名指しされているほかの人たちにしても同じことです。たとえば、朴元大統領だって、日帝時代に成績優秀だったから、選ばれて士官学校に入れさせられたんだ、朴さん自身が行きたいから行ったのではない、士官学校に入れというのを拒否なんかできる状態じゃなかったんだ、だから朴さんは、仕方なく日本の軍人になったんだ——。そう言っておいて、それは自分にしても同じことだった、強制されて仕方なく日帝に協力した、そうして屈辱に耐えながら生きてきたんだ、そういう気持ちを理解できない者に非難されるいわれはないと開き直った大学教授がいました。

私に言わせれば、それはまったくのウソです。大部分の韓国人知識人たちは、格別な抵抗をすることなく日本統治を受け入れ、自ら積極的に日本統治に協力し、日本統治下でがんばって出世していこうとしたんです。それは何ら悪いことでも売国的なことでもありませんね。そのことを堂々と言って、政府のやり方と対決すべきなんです。それ以外に、政府のやり方の不当性を示せるものはないんです。

●日韓知識人たちの共通点——井沢

実際に、朝鮮民族は日本人より優秀なんだということを証明したくて軍隊に志願して、日本人なんかに負けないぞということでがんばって、日本の軍隊の将官になった人もいるんです。そういう人はたくさんいました。総督府の役人を務めた人も、警察官をしていた人も、日系企業の幹部を務めた人も、日帝支配がどうだということとは別に、朝鮮人として恥ずかしくないようにと、日本人に後《おく》れをとらないようにと、一所懸命に自分の仕事をまっとうしたわけでしょう。仕方なく、なんていう言い方は自分に正直じゃないと思います。

でも、日本にもそういう人たちがいたんですよね。戦前には戦時体制に普通の人以上に協力していて、戦後になって実は自分は戦争に反対していたんだ、賛成みたいな顔をしないと危なかったからだなどと言った人たちが、戦後に左翼に転向した人たちの中にはかなりいたんです。

韓国で、面と向かって政府の「過去史清算」のやり方に反対する人たちはいないんですか。

●若者は圧倒的に盧武鉉大統領支持――呉

実のところ、世論としては半々なんです。ですから、世論を背景に、堂々と政府のやり方を批判する人は少なくないです。韓国の元国会議員や元首相を含む長老たち一五〇〇人が「自由と民主主義を守るための時局宣言」という反政府声明を発したことがありました。また政府の親北朝鮮政策に対する一〇万人規模のデモも行なわれました。反日デモじゃなくて、反政府デモですよ。韓国も変わったといえば変わったわけです。

でも韓国では、どんなに支持が減っても大統領権限は絶大ですから、軍事クーデターでも起きない限り、政権は揺らぎません。反対勢力の中心は年配の方たちで、若者は圧倒的に盧武鉉大統領支持です。反対はするんですが、先ほど言いましたように、反日については根本的な反対ができていないので、反対の輪がどんどん大きくなるなんてことはなくて、逆にしだいに尻つぼみになっていますね。

野党も反日と親北朝鮮では政府与党と大きな違いはないですし、政府よりいっそう過激な反日法案を出そうとする者すらいて、足並みは揃《そろ》いません。国民のほうには、いまや心情的な北朝鮮への親近感がしっかり根づいています。南北両国の文化交流政策が功を奏したんですね。ああ、同じ民族なんだという思いが、政治的な北朝鮮批判の目を曇《くも》らせています。

野党としても、反北朝鮮の姿勢をとれば、まず票が取れなくなってしまうというのが現状ですから、どんどん引きずられるようにして親北朝鮮になってきています。

3　日本統治時代を「評価」した人々の顛末

●歯止めがきかない親北と離日――井沢

先ほどおっしゃったように、自分は積極的に植民地統治に力を尽くした、何が悪いのかということをはっきり言わなくては、政府に引っ張られていくしかないですね。でも、そんなことを言う人はまずいない。言ったら大変なことになるわけですから。しかし実際には、中国と対抗するために日本と組むしかないと思って、日韓併合を推進した人だってたくさんいたわけです。

ところで、近年に日韓併合を肯定して排除された先生や、いわゆる「従軍慰安婦」問題で物議をかもして土下座させられた先生がいましたね。そういう人たちも出てくるようにはなっている。この現象をどう見ていますか。

●「勇気ある発言」に対する国民的大弾圧——呉

まず二〇〇二年春、『親日派のための弁明』（邦訳『親日派のための弁明』草思社刊）で日本統治を肯定的に評価し、日本でもよく知られるようになった評論家の金完燮《キム・ワンソプ》氏が登場しました。次に二〇〇四年春、新聞のインタビューで「日本統治は朝鮮半島の経済を大きく発展させ、戦後韓国の経済成長の要因を形づくった」と評価し、またテレビで「従軍慰安婦」を朝鮮総督府が強制的に動員したと公的に主張した韓国の学者は一人もいないではないか、と発言して問題となった、ソウル大学教授の李榮薫《イ・ヨンフン》氏が出ました。そして二〇〇五年春、「共産主義・左派思想に根ざす親日派断罪の愚——日韓併合を再評価せよ」（『正論』四月号）と題する論文を発表した、高麗大学名誉教授の韓昇助《ハン・スンジョ》氏と続きます。

この三人のように、実名で堂々と日本統治を肯定的に評価する知識人は、戦後韓国にかつて存在しませんでした。本当は一九九〇年の私の『スカートの風』（三交社／後に角川文庫に収録）が最初だと言いたいんですが、私は女ですし身分も地位もない一介の庶民にすぎません。それでも、私も国の家族も、官憲やマスコミから卑劣な嫌がらせをたくさん受けました。

それに対して、金完燮氏は一流大学ソウル大学出の男性ですし、さらに李榮薫氏はメジャー中のメジャーともいうべき現役ソウル大学教授、韓昇助氏となると名門高麗大学の名誉教授という韓国では誰もが尊敬する高い地位にある方です。これは捨ててはおけません。これに市民権を与えたら、次々に高級インテリの日本統治肯定論者が出てくることになるでしょうから、きつい見せしめをやっておく必要がある。

そういうわけで、政府・マスコミ・政府迎合派ネチズン総出で、三人に対するすさまじい攻撃が展開されました。それで金完燮氏と韓昇助氏は、さまざまな形で政治的・社会的な制裁を受けることになり、売国奴の烙印を押されて排除されてしまいました。

李榮薫氏は「元慰安婦のおばあさんたち」を前に土下座して謝罪し、何とか地位を保ちました。もう一つの日本統治評価の発言については、評論や主張ではなく証拠となるデータに基づいた研究成果の公表でしたので、これを強引に潰すことは政府にもできなかったんです。李榮薫氏は日本でも高く評価されていて、国際的な評価の対象となり得ている、数少ない研究者の一人です。そういう知られた学者の学問の自由を侵せば、国際的な非難の的になりますからね。辞職勧告はあちこちから出たんですが、実際に辞めさせることは避けたんです。

そういうわけですが、こういう人たちが出るようになったのも、IMF管理以後の新しい動きです。彼らは「韓国人自身の過去清算」というIMF管理以後に出されたテーマを、本来の精神をもって真摯に追求して公表した人たちです。彼らのような人たちが出てくるようになったということは、大きな希望です。

●日本統治時代の実態を解明する動き――井沢

ソウル大学教授の李榮薫氏は、問題となった『中央日報』のインタビュー（二〇〇四年四月二十二日）に答えた発言の中で、総督府の土地調査事業の資料を見て、韓国の教科書とはあまりに違う内容にびっくりしたと言っています。韓国の教科書には、土地申告をさせて「農民たちの未申告地をでたらめに奪った」と書かれているけれども、実際には総督府は未申告地が発生しないように綿密な行政指導をしたし、土地詐欺を防止するための啓《けい》蒙《もう》を繰り返し行なっていたし、農民たちも自分たちの土地が測量されて地籍に載るのを喜んで積極的に協力した、それが真実だったということを述べています。

李榮薫氏はさらに産業経済についても述べていますが、それらの研究を総合して、日本は朝鮮半島を「収奪・略奪ではなく、日本本土と等しい制度と社会基盤を取り揃えた国」にしていこうとしたのだと言っています。

こうした研究がどんどん進んでいって、たとえば「創氏改名で名前を奪われた」など、韓国史で教えていることの真偽が、徹底的に再検討されるようになれば、韓国の反日も大きく変わっていくのではないかと思いますが、どうでしょうか。

●歴史教育に欠落している最低限の条件――呉

きちんとした実証的な研究をベースに歴史を教えるのが、歴史教育には最低限必要な条件ですよね。ところが、こと日本統治時代の歴史教育については、この最低限の条件がまったく欠落しているわけです。

しかも韓国の歴史教育は、教科書の言うことを信じるという国民的な背景があって、だからこそ成り立っているものですね。ですから、実証的な研究がいくら進んでも、それだけで反日が変わることはないと思います。

●事実をねじ曲げ、反日で国論を統一しようとする韓国マスコミ――井沢

研究学者が自由に意見を発表できて、それが正しいと思ったならば、マスコミもどんどん広めなければいけないですね。でも、韓国ではどうもそうはなっていない。そこがおか

しいんです。

イチロー問題でもそうですが、あえて事実をねじ曲げ、反日で国論を統一しようとする。これはマスコミが一番やってはいけないことです。捏造とそれによる煽動が行なわれているわけです。

●マスコミの罠《わな》にはめられた李榮薫氏――呉

マスコミが一般の反日論者と異なるところは、反日が売れ筋商品だというところにあります。李榮薫氏はその研究で問題にされたのではなくて、テレビ討論での「従軍慰安婦」問題についての発言で攻撃されたんです。日本統治を評価する研究者と知られているので、うまく引っ張り出されてマスコミの罠にはめられたんですね。

テレビ討論のテーマは韓国人自身の過去の清算でしたから、李榮薫氏は自分の立場で何が清算なのかを述べた。日本人が何をやったかではなく、我々が何をやったか、韓国人自身の「従軍慰安婦」を生み出した責任を問題にしたんです。それで叩かれたんです。

学者の研究論文は一般への影響は小さいし、教科書の言うことを信じる絶大な国民的背景があるから、政府もさほど心配はしていません。裏では陰に陽に妨害はあると思いますが、一応、学問の自由を尊重する建て前でいるわけです。ですから学問的な論文の体裁をとって発表する分には、まあ何とか大丈夫、ということです。克明な実証研究はかなり出ていますし、それを学会誌などで発表する分にはいいんです。しかし評論などになるとダメなんですね。韓昇助氏も金完燮氏もそれでやられたんです。難しくなくて一般の人も読めますからね。

●元慰安婦たちに「強制連行」を焚《た》きつけた悪質さ――井沢

たとえば「従軍慰安婦」問題というのは、一九六五年の日韓条約のときにはまったく出てきませんでした。戦前は公娼制度というのがあって、軍隊の兵隊さんたちを相手に商売をしていた。これが「従軍慰安婦」ですね。いまその被害者と言われている方々は、確かに子どものころに親に売られた気の毒な方々ではありますが、彼女たちを軍が強制連行したという証拠は一つもありません。小野田寛郎《おのだひろお》さんもご自分の当時の見聞を書いていますが、そんなことはまったくなかったと述べています。

そういうことがなかったにもかかわらず、韓国ではあったと言っている。元「従軍慰安婦」の方々を焚《た》きつけて、あったという気にさせてしまった。それが一番罪深いことで、歴史歪曲《わいきょく》の中でも最も悪質なことだと思うんです。

あの人たちが穏やかな晩年を迎えられることを、私は心から祈りたい。けれども、おかしな運動家たちの煽動に乗ってしまったため、彼女たちは本心とは異なる、つくられた反日主義の心というべき「強制連行された悔しさ」を抱えたまま死んでいくしかなくなってしまっている。いまでは、自ら自分は強制連行されたんだと思い込んでしまっているように感じられます。なぜ、こんなことが起きるのでしょうか。

●「犠牲者」と思い込みたい人間の心理――呉

彼女たちが、いつの間にか強制連行されたと思い込んでしまっているというのは、まさしくその通りだと思います。彼女たちも韓国人ですから、「親に売られたんだ」あるいは「韓国人の女衒《ぜげん》にだまされたんだ」という現実体験があっても、それを言えば「日帝を利することになる」のがよくわかっています。これまで以上に自分が社会から排除されることになります。

そこで「強制連行されたんでしょう?」と問われて「そうだ」と答えれば、それまで持てなかった世間の人たちとの接点が持てる。それまで、世間から冷たい目で見られてきた自分たちが、ようやく社会に受け入れられるようになる、社会人として一人前に扱ってもらえる、一躍脚光を浴びることにもなる。悲しいけれど、それに乗ってしまったんですね。

それで強制連行、強制連行と言っているうちに、自分も結局そういう流れの犠牲者だったんだと思うようになってくる。またそこには、在日の人たちが「強制連行で日本に連れてこられた犠牲者だ」とばかり主張するのと似た心理構造があるとも思います。

●「いいこともあった」の一言で猛反発が起こる不思議――井沢

日本人が、日本統治時代には「悪いこともあったが、いいこともあった」と言うと、韓国人は「いいこともあった」という発言そのものをとらえて、お前は植民地支配を認めるのかと猛然と反発しますね。

植民地支配を認めるか認めないか以前に、植民地統治下ではどんなことがあったのかを素直に見つめたときに、「いいこともあった」とみなされる面が出てくるのは当然のことです。何も、それをもって植民地統治を全面的にいいことだったと言おうとしているのではないのに、「いいこともあった」という一言だけで、ものすごい反発が起きるというのは、なぜなんですか。

●「日本の存在は世界の不幸」と諸国に宣伝して回る大統領——呉

簡単に言えば、植民地統治は絶対悪だという大前提があるからです。まず異民族統治それ自体が悪だという意識があり、そこへレーニンの、植民地支配は帝国主義的侵略であり絶対的な悪なんだという帝国主義論が密輸入されて合成されているんです。

この最初の大前提をしっかり踏まえて歴史を見ていく観点が、韓国では唯一の正しい歴史的な観点なんです。ですから、「いいこともあった」と言うと、それは正しい歴史的観点からはずれた間違った見方となります。そうではなく、「どれだけの悪いことがあったか」を見ていくのが韓国では唯一の正しい歴史的観点なんです。

そういう歴史観があるわけですが、韓国ほど徹底してはいなくても、日本や欧米でもかなりそういうことが言われていますよね。いまだに植民地化絶対悪説は世界的にまかり通っていると思います。

そこで、そういう国際的な議論に期待して、盧武鉉大統領や政府高官は、欧米をはじめとする諸外国や国連の席上で、日本という国が存在すること自体が全世界にとって不幸なことだという意味の発言を執拗《しつよう》に繰り返しています。その最初の発言はドイツでのことでした。盧武鉉大統領はドイツ紙のインタビューに答えてこんなふうに言っています。

「次第に激化している韓日両国の葛藤は日本側に責任がある。……日本の態度は人類社会が共に追求すべき普遍的価値にそぐわない。……侵略と加害の過去を栄光と考える人たちと一緒に生きるのは全世界にとって大きな不幸だ」(『朝鮮日報』二〇〇五年四月八日の記事より)

盧武鉉大統領はこう言って、ナチスドイツと帝国主義日本は、ともに反人類的な犯罪を犯した点で等しいという自説を展開し、ドイツはその反省を徹底的にした、賠償責任も果たしたと評価し、日本は何らの反省もしていない、賠償責任も何ら果たしていないと主張し、日本に対する戦争責任追及を国際的なテーマにしようとしたんです。

でも、ドイツではまったく相手にされませんでした。そればかりか、ユダヤ人団体から大きな反発を買って攻撃されたんです。その理由は、ユダヤ人虐殺は世界で唯一の他に類例のない反人類的な犯罪であって、それを日本が戦前に行なったこととイコールだとするのは、ユダヤ人虐殺の人類史的な意義を貶《おとし》めるきわめて非国際的かつ悪質な議論だというものでした。

欧米では、「ナチスドイツも悪いことだけではなく、いいこともした」といった議論はほとんどタブーになっていますよね。だから日本についても、「いいこともした」を禁句とする国際的な合意を得たかったんです。しかしそれに合意する国なんてないわけです。それでも盧武鉉は執拗に、「日本の存在＝世界の不幸」説をあちこちで宣伝して回っています。

●「日本統治は善政だった」と韓国には主張すべき──井沢

日本統治時代には「いいこともあった」という言い方は、絶対に許されないというのが韓国の状況なんですね。そこが何とかならないといけないわけですが、「いいこともあった」なんて遠慮して言っているからいけないんでしょうね。もっとはっきりと「いいことをした」と堂々と言ったほうがいいのかもしれない。

でも多くの日本人はそこまで言えなくて、「悪いこともしたかもしれないけれど、いいこともした」という言い方をしますね。それではいけないんでしょうね。韓国は日本に併合されたから、近代国家になれたぐらいの言い方をしないとダメなんです。

韓国が植民地統治は絶対悪だというなら、日本の植民地統治は基本的に悪政ではなかった、善政だったということを、徹底的に韓国にぶつけるべきです。韓国の反日に対抗するにはそれしかないように思います。

●罪の意識で植民地化を論じてはならない――呉

まったくその通りだと思います。でもそれには、日本や欧米諸国自身が「植民地化絶対悪説」から完全に脱却しなくてはならないと思います。いや、脱却しているよという見方があるかと思いますが、それは学問的な研究の範囲内でのみあり得ていることですね。近代以降の日米欧知識人の一般的な世界認識は、必ずしもそうではありません。

私がいつも感じるのは、日米欧知識人が植民地問題を論ずるときには、ほとんどの場合「罪の意識」から逃れられていないということです。だから、結局は植民地化は悪だったという結論しか出てきません。いまだに、はっきりと善悪の観点から離れて論じられてはいないと思います。

日本は「悪いこともしたかもしれないけれど、いいこともした」というニュアンスになるのは、日本人が「罪の意識」を持って言っているからです。人が「罪の意識」を内面に抱えるのは大事なことかもしれませんが、科学的な研究や歴史認識にそれを持ち込んではいけないと思います。

●「呉善花、この野郎をつかまえて市庁前広場で公開処刑しよう」――呉

私は二〇〇五年に出した『「反日・親北」韓国の暴走』（小学館）の中で、日本統治時代に日本が朝鮮で展開したインフラ整備、産業育成、学校建設、農業改革・米増産などの数字を挙げて、日本は朝鮮の近代化を大きく推進したと、わずかな行数でちょっと書いたんです。

これで韓国のマスコミから猛反発を食いました。

三月二十八日に韓国の聯合《れんごう》ニュースが、そのわずかな部分だけを取り上げて、「（呉善花は）日本統治は朝鮮の近代化に大きな寄与をなしたなど、日帝を美化する本を書いた」との記事を各社に配信しました。大小多数の新聞がこれを掲載して、インターネット掲示板に私への非難・抗議の声がすさまじい勢いで殺到したんです。三十日に検索エンジン「Google」で検索してみたところ、関連発言や報道がすでに一万数千件もカウントされていたのでびっくりしました。

韓国の某検索エンジンの「総合ニュース」欄には、「日本極右派勢力の女王様・呉善花

が日帝を美化云々」と大きく出されました。「KBS NEWS」ホームページの掲示板には、「(呉善花に抗議するため)拓殖大学ソウル事務所前に集まりましょう。自分の将来のために国を売るなんて、絶対に許せない!」との呼びかけが書き込まれていました。また、故郷・済州島の媒体『済州の声』には、「あの呉善花は恥ずかしいことに済州島出身であることが判明した」と載りました。

記事は名も知れない小さな地方紙に至るまで掲載され、「売国奴・呉善花」の「悪名」が全国的に高まることになってしまいました。私の家族の迷惑たるや、大変なものだったんです。韓国にいれば、こうして社会的に孤立し、社会的に抹殺《まっさつ》されていくんですね。

韓国の新聞では記事へメールで寄せられてくる「意見」を逐次、インターネット版に掲載しているところが多いんですが、この記事を社会面に私の顔写真入りで大きく報じた『韓国日報』では、それに対する「意見」が何百件も紹介されていました。次のような「意見」が代表的なものです。

「このきちがい女め。あの女を拉致してすさまじい拷問を与えるべきだ」

「呉善花、この野郎をつかまえて市庁前広場で公開処刑しよう」

「呉善花売国奴野郎。父母、子供、呉善花三代を滅しなければならない」

「あんな犬のような奴ぶっ殺す方法はないのか」

その他、日本語には語彙《ごい》すらない、また日本人的な感覚ではとてもまともには口にできない性的な侮辱言辞の数々が公然と飛び交っていました。

とうてい「意見」なんてものではないんですよ。こんな具合ですから、韓国に善悪を離れた日本統治評価が起きるなんて、夢のまた夢ですね。

●教育程度と反日はどこまで関係するか――井沢

呉さんはどうして、そこから脱却できたのですか。呉さんから以前に、知り合いの韓国の一流大学を出て二〇年以上日本で暮らしている人でも、こと日本統治の問題となると、一般的な韓国の人と考え方は何の変わりもないという話を聞きましたが、呉さんはご自分の本の中で「教育を受けた人であればあるほど反日感情が強い」と言っています。

いい教育を受けた人であればあるほど反日感情が強いということになると、呉さんはいい教育を受けなかったということなんですか。

●私はいかにして「反日」感情から脱したか――呉

一般的な意味では、韓国の高等教育を私も受けたわけです。ただ、私が田舎者だったことが救いだったかもしれないと思います。日本に来て生活しているうちに、韓国の田舎――私の場合は済州島ですが、その故郷とよく似た田舎っぽさというか、素朴さを東京のど真ん中で感じたんです。

どういうわけかと日本人の発想を知ったり、日本人が書いた書物を読んでいったりするうちにわかってきたのは、たいていの人に「普通の庶民生活者」のほうが高級な知識人よりも偉いという観点があることなんですね。これには心から驚きました。韓国とはまったく正反対なんです。でも、そのほうが正しいんじゃないかと思えるようになって、これで発想の大転換が起きました。

それから、それまで意識の外に置いていた、故郷の「普通の庶民生活者」たち、子ども時代の私の周りにいた大人たちの言っていたことが気になりはじめたんです。父母や親戚の大人たち、それに近所の大人たちから聞かされていた日本統治時代のことですね。思い返してみると、みんな、とても懐かしがっていて、悪い話はほとんどなかったんです。

戦前のことですが、母は結婚する前に大阪にちょっといたことがあって、そのときに日本人がとても親切だったといつも言っていました。お店の人に道を聞くと、忙しい手を休めてすぐ近くまで案内してくれるとかですね。

それで、父と結婚してからは、父、母、長女、父の兄夫婦と子ども三人の総勢八人で日本に渡り、鹿児島の割り箸を作る工場に勤めました。住むのは、日本人家族の家で、そこに同居させてもらっていたんです。

その家族は夫婦と子ども一人でしたから、こちらの家族のほうが必要な食べ物の量も断然多かった。それでは大変でしょうということで、その家主は、畑をただで貸してくれて、野菜などを栽培して自由にそこから採《と》れるようにしてくれたんです。しかも家主は、たびたび果物やお米を持ってきては援助してくれたそうです。

母は日本の漬物、沢庵を漬けたりするのが上手でした。その家に近所の日本人の奥さんたちが集まって、一緒に漬物づくりをやる中で教えてもらったということです。それで母は、漬物を漬けるたびに鹿児島での体験を、いろいろと語ってくれました。とても懐かしそうに、「日本人は本当にいい人たちだったのよ」と口癖のように言うんです。

その家のご主人は、母たち家族が来たからと、防空壕を大きなものへと一人で造り変えてくれたんです。空襲警報のサイレンが鳴るといつも、防空壕に子どもたちを真っ先に入れ、次に私の父母と伯父夫婦を入れ、それから奥さんを入れて、最後にご自分が入るという順番だったといいます。

従兄弟たちはいまでも会うと、必ずといってもいいくらい当時の思い出を語るんです。小学生から中学生になるまでいたので鮮明に覚えていて、あの人たちに会いたい、とても会いたいと言って、話し出すんです。当時小学校高学年だった従兄弟の一人は、こんな話をしてくれました。

「日本人の同級生とはとても仲よくしていて、友だちもたくさんいた。差別されたことなんて一度もなかった。ただ、自分が成績一番だったのに級長にさせてもらえなかったことが悔しかった。学校の外でも、大人たちはみんなやさしくしてくれた。死ぬまでに何とかもう一度日本へ行って、あのころの友だちに会いたい」

日本が戦争に負けて、母たちは済州島に帰ることにしたんですが、日本人家族とはお互いに泣くだけ泣いて別れた、他の日本人の知り合いも涙を流して別れを惜しんでくれた、我々もお世話になったことを感謝して別れてきたんだと言っていました。

こういう話をね、私はすっかり忘れていたんです。というよりは、過酷な支配の現実に目を向けようとしない、無知な田舎者のきれいごとにすぎないと、意識から切り落としていたんです。

日本に来て、日本での生活体験の中でこういう話を思い出すことができ、日本統治下の日本人と朝鮮人の間には、とても「よき関係」があったということを、ようやく信じられるようになりました。それで、朝鮮半島でも同じことがあったのではないかと思い、日本統治下の生活体験を持つ韓国人と日本人から直接話を聞きたいと思い、あちこちとたくさんの人に聞いて回りました。正式なインタビューとしては、日韓合わせて一五名についてのものを、『生活者の日本統治時代』（三交社）に収めてあります。

母たちと同じような体験をたくさん聞きました。暴力的で残虐な過酷な支配なんて、語る人は一人もいませんでした。植民地化の論議では、この「普通の庶民生活者」たちの体験がまったく無視されているんです。でも私は、生活の現場から徹底的に統治時代の実相を明らかにしていくことが、日本による植民地化の質を見きわめていくには、最も重要なことだと思っています。

4 「反日」なのに、日本に憧れる矛盾

●独立記念館の残虐な拷問展示は、どこの話か――井沢

学校で教えられたことと、身近な大人たちから聞く体験がまったく違ったんですね。政府としてはこのギャップをなくしたいんでしょうが、いま韓国では、子どもたちに独立記念館や刑務所跡で日本人が韓国人を拷問しているシーンをジオラマとかで見せていますね。

日本統治時代に政治犯が収容された京城監獄の一部が保存されていて、一般に公開されています。取調室や独房や懲戒房が並んでいて、蠟人形を使って当時行なわれたと称する拷問、女性の囚人への暴行など、きわめて残酷な様子がリアルに再現されています。

独立記念館では、それよりもっと残酷な様子になっていますね。逆さ吊りとか、爪に針を通す拷問とか、水車状の木の車に縛りつけて責めるとか、悲鳴の効果音まで入れていま

す。あれを見たら、誰だって反日になるに決まっていると思いました。
あんなことが実際に行なわれたのかどうか、そういう検証はなされているんですか。朝鮮総督府は厳格に法律によって運営されていましたから、とても信じることはできません。

●残酷な拷問は李朝と戦後韓国で行なわれたこと――呉

あれを見て、まず直感的に思ったのは、朝鮮王朝時代の拷問にそっくりだということです。明らかに、「李朝モデル」をそのまま持ってきて「日帝モデル」に仕立てたものですよ、あれは。

第一に言えることは、井沢さんがおっしゃったように、総督府の統治は厳格な法律に基づいて行なわれていた、ということです。もちろん、拷問は禁止されていました。第二に、日本であの手の拷問に近いことが許されていたのは、近世までのことであって、明治以降にはいっさい許されていなかった、ということです。明治初期の記録を見ますと、なぜそうなったかがよくわかります。

たとえば、当初明治政府の中枢にあった西郷隆盛《さいごうたかもり》は、西洋について「未開の国に対しては、仁愛を本とし、懇々説諭して開明に導くべきに、然らずして残忍酷薄を事とし、己を利するは野蛮なり」と言いながら、同時に「西洋の刑法は専ら懲戒を主として過酷を戒め、人々を善良に導くに注意深し」などのことから「実に文明じゃと感ずるなり」と言っています（『南洲翁遺訓』一八九〇年・明治二十三年）。

明治政府は、ここで西郷が言っている二つのこと、西洋とは異なり「未開の国に対しては仁愛を本とすること」と、近世までの日本・アジアとは異なり「刑法は専ら懲戒を主として過酷を戒めること」は、欧米にひけをとらない近代日本を建設する上で、とても重要なことだとの認識に立っています。

この基本が、当然ながら朝鮮総督府の統治精神にも引き継がれています。そうしなくては、欧米列強から野蛮国家扱いされますから、その点ではとても気を遣ったんですね。もちろん、個別的には道をはずれた官憲も出てきますが、日本統治下の朝鮮は、世界的な通用性を持つ「法治国家」でしたから、そういう悪事を許さないで、官憲に悪事があれば厳しく処罰をしました。ですから、独立記念館などで行なわれていたことが、日常的に当然のごとく行なわれていたとは、とうてい言えないんです。

そもそも韓国では、つい最近まで、共産主義者や民主化運動家に対して、あるいは密航をくわだてた者に対してまで、きわめて残酷な拷問を加えていました。半身不随になった人も少なくありません。戦後すぐに起きた済州島の四・三事件では、無数の残虐刑が執行され、たくさんの人々が虐殺されています。

いずれも朝鮮王朝以来の伝統なんです。北朝鮮はそのやり方をいまだに踏襲していますす。それで、日本の近代治世のことなどよく知らない韓国人は、自分たちもそうしたんだから、日本はもっと酷いことをやったに違いないと思い込んでいるんです。とにかく、日本は野蛮国家だという教えですから、その野蛮性を国民に見せることが必要なんですね。

●親の罪は子の罪であるというイデオロギー――井沢

そうするとですね、韓国人はなぜこんなに日本に来るんですか。日本に来たがるし、留学したがる。あんなに酷いことをして、まるで反省すらしていない人たちの住む国に、いそいそとやってくるのは、どうしてなんですか。そこがわからないんです。

日本が悪行三昧を尽くして、なおもその悪を反省していないと言うのなら、悪に学んではいけないはずですよ。留学なんかしちゃいけないし、日本人と交わることすらしちゃいけないでしょう。

しかも問題となっているのは、ずっと過ぎ去った昔のことでしょう。これを子々孫々代々の罪である、だから決して忘れてはいけない、忘れさせないために独立記念館などの展示がある。親はもはやいなくとも、それは子孫のお前たちがいまなお負うべき罪なんだ、我々は決して許していないんだぞという考えがあるとすれば、それはやはり儒教でしょうね。親の罪は子の罪であるというイデオロギーです。

●それでも韓国人は、なぜ日本に行きたがるのか――呉

根本にあるのは、まさしくそうしたイデオロギーです。このイデオロギーのもう一つの側面は、内面よりも外面を重視する、極端に言えば、外面に現われたことがすべてを語るという考えです。そこのところで、韓国ではああした残酷な展示がものすごい効果を生むんです。

韓国には日本人の残虐さを示すような生の映像がないんです。中国みたいに捏造できそうな写真もない。そこで考え出したのは、刑務所という密室でこういうことが行なわれていたんだというやり方だったんですね。刑務所内部のことならば、それは証拠がなくても当たり前だと誰もが納得しますからね。そして、前にも言いましたように、お上《かみ》の言うこ

とをそのまま信じる国民性があるわけです。だから作り物でもいいんです。

日本では原爆や東京大空襲などの、非戦闘員である無抵抗一般庶民に対する意図的な大量虐殺という、拷問などの比ではない残虐な現実を、作り物なんかじゃないその生の映像をいくら展示したって、アメリカへの恨みに凝り固まる子どもたちなんか出てきませんよね。民族文化のイデオロギー基盤がまったく違うからです。

それじゃあ、そんな日本になぜ韓国人は行きたがるのか。それは、実は日本社会は素晴らしい社会だということを、誰もが知っているからです。憧れがあるからです。そう言うと、そこがわからない、そんな酷い国なら行きたくないはずだと言われますね。

でもね、結局のところ、植えつけられるのはイデオロギーだけなんです。いかに生々しい、皮膚感覚で怒りが込み上げてくる物を見てきても、別の皮膚感覚では、日本の文化・社会がもたらす韓国よりも数段高い健康さ、開放性、豊かさなどの魅力を圧倒的に感じとっているわけです。この感覚はジオラマなどで見ただけのものではなくて、それこそ生々しい現実感覚なわけです。これは否定しようにも否定することはできません。

先にも言いましたが、イデオロギーの強さは韓国では一般に教育の高さに比例します。大いに悩むのは高級インテリの彼らなんです。この矛盾はいったいどういうわけなのかとね。そこでイデオロギーのほうを極端に選択する人は、実際にはごくわずかですね。あんまりイデオロギーの強くない人は、自分の目で見た現実を大切にします。私の友だちなんか、その典型ですね。独立記念館の展示なんか、まるで信じていません。彼女は学問のない田舎者の典型で、日本生活の中から、日本人とは何かを肌で感じとっていったんです。そういう日本生活者の話も、韓国では広く知られています。あんな酷い国には行くなという親はあまりいません。だから留学にも来るんです。

●日本に来て、どのように変わるのか——井沢

呉さん自身の体験ではどうだったんですか。日本統治はよかった、正しかったくらいのことを言う日本人がいたとしたら、韓国から来たばかりのときだったら、聞く耳を持てなかったでしょう。

もっともそういう人たちはあまりいなくて、口先で謝罪する人がたくさんいたと思います。日本政府にもそういう人はたくさんいますよね。もちろん私も、日本は対立を恐れずに言いたいことを言うべきだと考えていますが、これがなかなかできないんですね、日本人には。呉さんは日本に来てから、歴史認識ではどんなふうにして聞く耳を持つようにな

り、どんなふうにして変わっていったんですか。

●韓国批判の研究会に出続けてわかったこと――呉

私自身の体験で言いますと、私の留学生時代のアルバイト関係で周りにいた日本人は、韓国に長く滞在していた人たちを中心とする、韓国のことを韓国人以上によく知っている人たちでした。アルバイト先の社長が、彼らと月一回の勉強会をするというんで、私も参加させてもらったんです。出てみますと、彼らは韓国について私にいっさい気兼ねすることなく、ものすごい批判をガンガンするんです。

この勉強会での体験が、私が韓国の言うことに疑問を持つようになる、最も大きな要因となりました。このような韓国批判ばかりともいっていい勉強会に、私が途中でやめずにずっと出続けた理由は、大きく言って二つありました。

まず第一に、彼らは韓国を批判しながらも、韓国人に友だちが多くて、韓国人気質に彼らなりに魅力を感じているんだなと、理解できたことです。たとえば、彼らが言うには、韓国人には本音と建て前があるけれど、友だち関係になると、ちゃんと本音を言うし、歴史認識で対立しても、それで友だち関係が壊れることはないと言います。メチャクチャなことは言うけれども、感じたままを言っているから、そこに向き合ってこちらも言いたいことを言えばいいから楽しい、こういうことは日本人同士ではなかなかないことで、これをやったら面白くてやめられないそうなんです。

確かにそうで、だいたいの韓国人は、よく言われることですが「まるで青少年のように」、言いたいことを失礼かどうかに構わず、そのまま相手にぶつけます。これと正面から渡り合ってくれると、韓国人は気心が知れた間柄だみたいな気持ちになって、相手に信頼感を抱くんですね。でも、多くの日本人はここをかわすんです。避けちゃうんです。対立するのが嫌《いや》なんだと思います。

第二には、彼らが韓国のことをよく知っていることです。文化から歴史にわたって、ものすごく知識が豊富なんです。とくに歴史の話になると、私が知らないことが次々に出てくるんです。これはとても重要なことで、韓国のことを韓国人以上によく知ってくれているなんて、韓国人はそれだけでもう嬉《うれ》しくなってくるんです。考えは違っても、韓国のことを深く理解しようとしているなという印象は、相手への信頼感を深めます。

大きくはこの二つがあって、その上で彼らは韓国のことを徹底的に批判するんです。私はとても気分が悪くなりますし、韓国人丸出しで声をあらげてやり返すんです。でも話が終わると、飯でも食おうかとなって、政治を抜きにした打ち解けた話で楽しく盛り上がるんです。

そんなふうにして、その人たちと喧嘩したり、仲よくしたりということを長い間繰り返してきました。そういう中で、日本人の個人的な親切さとか、思いやりとか、やさしさとかが、どんどん身に染みてもくるわけなんです。

個人的な体験ではありますし、その人たちみたいな日本人は、少々特殊だといえるかもしれませんが、何かのヒントになるんじゃないかと思います。総括して言えば、これは人間的な真剣勝負なんだと私自身が思えたことが、最も大きかったと思います。

ついでに言っておきますと、韓国人はいくら話してもわからない人たちでは決してありません。とくに、友だちとか信頼できる人に、筋道立った論理で話されますと、まず話を受け入れますね。聞く耳を持ちます。ただ、情緒が説得の外にあるので、すぐには納得しません。

でも、人間的に親密な関係をつくっておいて、繰り返しそういう話をしていけば、必ず説得されていくように思います。私は典型的な韓国人でしたから、これはかなり一般的にいえることじゃないかと思っています。

これは、インテリ相手のことでして、インテリ即ち韓国的なイデオロギーの強固な持ち主には、そういうプロセスを踏むしかないように思います。まあ、そういう環境はなかなかつくれないと思いますけれど。

●歴史から学ぶ感覚が欠如している韓国——井沢

お話を聞いていてよくわかったことは、植民地統治が絶対悪だと考えられていることです。そうなると、日本は悪いから悪いんだということになるしかありません。たとえば、日本がなぜ日韓併合したのかといえば、日本人が悪いからだということになってしまう。それ以上の議論にならない。

しかも、その悪は日本民族の資質に基づいているというわけですから、日本にいつ軍国主義が復活してもおかしくないという言い方になるんですね。

韓国では歴史を歴史として見ようとしていないんだということが、よくわかりました。善か悪かの道徳から、それも自分たちを絶対的な善だとする、一方的な道徳観から見ているんですね。

物事はすべて原因と結果があるので、日本があれだけいわゆる軍国主義的になったのは、欧米列強の侵略にさらされたからです。あやうく独立を失いそうになった。これでは大変だということで、まず明治維新というリニューアルをした。ところが隣の中国も朝鮮もまったく目覚めていない。朝鮮も日本のように目覚めてほしいという希望の表われが征韓論なんです。非常に乱暴なやり方ではあるけれど、目覚めさせようということが基本になっているわけです。

これはかつてもそうだったし、いまなおそうだと思うんですが、一番いいのは韓国が独立自主の国になって、日本と手を携《たずさ》えて、ほかの国の侵略を防ぐ、あるいは中国という大国に対抗していくことです。これが日本人にとっても、おそらく韓国人にとっても理想だったと思います。

ところが実際にはそうはならない。どうしても韓国は、最初から最後まで自分の流儀を変えなくて、中国こそ正しいということを言っている。

過去の時代に韓国で歴史を学ぶことは、中国史を学ぶことであり、公文書は漢文で書かれていて、それが正しいとみんな思っていたわけです。ところがいまそのことすらも韓国の歴史は消しているわけで、いかにも昔からハングルをずっと使っていて、自分たちは文化的にもずっと自主独立の民族であったようなことを言っている。だから、余計に、それを潰した日本が憎いということになる。これは二重の虚偽ですね。

政治的にも文化的にも、実は中国に従属していた国家であったということを、自分たちにとっては、それは不愉快な事実だから消しているということです。日本の統治は絶対悪だというところから、歴史の捏造や、それに基づいた煽動や、二重の虚偽が、平気で行なわれるようになっているんですね。

第二章　北朝鮮にすり寄る韓国の不思議

1 韓国は、なぜ金 正日《キム・ジョンイル》に魅惑されたのか

●侵略国家・暴政国家にすり寄る韓国——井沢

韓国と北朝鮮は、北緯三八度線という休戦ラインで向き合っていて、いまなお戦争が終わっていない状態にあります。北朝鮮という国は金日成《キム・イルソン》のときに韓国を侵略して自分のものにしようとし、アメリカを中心とした国連軍に撃退された歴史を持っている。ですから、韓国にとって北朝鮮は明らかな敵国です。しかも北朝鮮の金 正日《キム・ジョンイル》は国内政策の失敗、暴政や誤った政治によって数百万人を餓死させたと言われています。餓死というのは人間にとって最も惨《みじ》めな死に方です。第二次世界大戦が終わってから、それほど大量の餓死者を出した国は、世界中探してもそんなにありません。

そうすると誰が朝鮮民族にとって悪かといったら、あるいは歴史上朝鮮民族に最も被害を与えた政治家は誰かといったら、東條英機《とうじょうひでき》とか伊藤博文《いとうひろぶみ》とかではなく、金日成および

金正日だと思います。そうすると韓国にとっては、どう考えても金正日なんてとんでもない奴だとならなければいけないのに、なっていないですよね。むしろ逆ですよね。

●韓国が親北朝鮮化した五つの要因――呉

なぜそうなったかには、いくつかの理由があります。

第一は、冷戦体制の崩壊によって、民族統一を妨げる最大の要因がなくなったことです。

第二は、その結果、北朝鮮情報が少しずつ公開されていく中で、それまでの鬼か蛇《じゃ》かと言われてきた北朝鮮イメージとは異なる民族の顔が見えてきた、韓国人にとっては、やはり同じ民族なんだという民族的な一体感が深まっていったことです。

第三には、韓国経済が崩壊してＩＭＦ管理下に入ってから、かなり階層固定化の傾向が進んで、国民一般の間に一種の絶望感、そこまで言わなくとも社会的な上昇可能性に対するきわめて悲観的な気持ちが広がっていったことです。韓国経済がＩＭＦ管理以後、より熾烈《しれつ》な競争型市場経済社会となっていき、多数の「負け組」が生み出されたことから、反市場経済社会、反グローバリズム、反アメリカの動きを生み出すことにもなりました。

第四は、北朝鮮体制崩壊の危機です。もし崩壊すれば、大量の難民が韓国に流入してくる、そうなっては大変だと、北朝鮮を支える援助をしようという方向が出てきたことです。

第五は、左翼民族主義政権の誕生です。金大中《キム・デジュン》元大統領にもその傾向はありましたが、盧武鉉《ノ・ムヒョン》大統領はさらに「過去史の清算」を反日本・親北朝鮮の方向へと進め、南北国家連合を目指す政策をとっています。これによって、日米離れ、中露接近という傾向が強まってもいるわけです。

●韓国人は金正日の人物をどう見ているか——井沢

私も現在（二〇〇六年）の韓国政権は、かなりはっきりした親北朝鮮政策をとっていると思います。すると、金正日についても、韓国では「親金正日」という状勢になっているのでしょうか、なっているのだとしたら、どういうわけなのでしょう。

韓国の若者たちの消費風俗は、いまや日本とほとんど変わりがなくなっていますね。それからすると、若い女性から見たら金正日という男は背も低いし、太っているし、ちょっと髪も薄くて、あまり魅力があるようにも見えない（笑）。けれど、そうでもないんでしょうか、ならばその魅力とは何なんでしょう。

●見事に儒教の礼を示してみせた金正日――呉

韓国は親北朝鮮であるとともに、親金正日にもなっていると思います。

金正日の見かけは確かによくありませんね。韓国人としても、恋人にしたいとか、友だちになりたいとか、そういう魅力を感じているわけではありません。でも、国家のリーダーという視点に立てば、その言動はとてもいい線をいっているというのが、多数の韓国人の感じ方です。

年齢を問わず、男性にも女性にも人気がありますが、とくに男性には「金正日の魅力とは何か」が大きなテーマともなっています。もし南北が統一大統領選挙を行なったら、金正日が圧倒的に勝つのではないかと見る向きは少なくありません。

金正日イメージが決定的に転換したのは、二〇〇〇年六月に平壌で行なわれた南北首脳会談で、金正日が示したパフォーマンスにあります。私もずっとテレビにかじりついてその様子を見ていましたが、韓国人的な感じ方を言うと、それは実に見事なものでした。何が見事かというと、儒教的な礼がしっかり身についていることです。

まず、金正日は金大中を空港まで出迎えに行きましたね。韓国人はそこを心配していたんです。ふんぞり返ってこっちの大統領を下位に置くような扱いをするんじゃないかと。ところが、まったくそうではなく、空港への出迎えをはじめ、彼は終始、長幼の序を守る態度を立派に取り続けたんです。これは韓国人に大きな好感を抱かせました。

金正日は空港まで出迎え、金大中が自分より年長者であり、お客さんであるという作法通りに、必ず一歩前に立たせながら、自ら直接案内をしました。

年長者を大事にしているのだというその形は、韓国人が軽蔑する「腰の低さ」を示すものではなく堂々たるものでした。

そうした礼の尽くし方が、いまの韓国ではなくなってしまっているのに、彼にはしっかりと身についているではないか。韓国は礼の国だと主張しながら、礼をなくしてしまったではないか。金正日の姿を見て、そういう反省的な気持ちが起きる。とくに、金大中を案内する姿はまことに堂々としていると、若者たちは強く心が惹かれたようです。かっこいいと感じたんですね。

また、テレビを通じて知った金正日は、とても話が上手でした。韓国では話の上手な人は尊敬されます。日本では話が上手すぎる人は何かあやしく思われたりしますけどね

（笑）。韓国では、金正日はまともな話のできる人ではないと思われていました。人の前に出ることのできない、非社交的な人物じゃないかと言われていました。ところがまったくそうではなく、熟練した社交家、しかも品格高い社交家だったというのが韓国人の印象です。

とくに韓国人が気に入ったのは、彼のユーモアあふれる話しぶりでした。ビジネスマンや政治家たちはみな、あのスピーチはすごいと圧倒されたみたいです。

彼のユーモアは、的確にタイミングをとらえて場の空気をつくり出す、大変に機転のきいた才能を示したといえます。たとえば晩餐《ばんさん》会のときに、なぜか金大中が奥さんと分かれて座る形になったんですね。金正日は一人で座っているわけですが、ふと金大中のほうを向いてこう言ったんです。

「なぜ？　奥さんはどこに行かれたのですか？　ここでまた離散家族をつくるのですか」

南北で離散家族問題の詰めが行なわれていた時でもありましたから、テレビを見ていた韓国人はドッと笑いながら感心したんです。

マスコミの報道によれば、金正日は大人数を前にした話よりも、少人数、多くて二、三十人の集まりでの話のほうが断然魅力的なのだそうです。思いやりの気持ちがよく伝わってくると言うんですね。数人となると、何々氏は、何々氏はと一人一人の名前を呼びながら、それぞれに気を配った言葉を投げかけると言います。韓国では偉い人がそこまで目下の者に気を配ってはくれないのに、本当に行き届いた配慮を見せると、高く評価していました。

●言葉を飾るのがうまい金正日――井沢

いわゆる礼を重んじるということですね。それがいまの北朝鮮には残っていると韓国の人には映ったわけですか。

金正日の「離散家族云々」の話は、どうもしゃれにはなっていないと思うんですが（笑）、そういうのに韓国の若者たちも感激するんですね。また、長幼の序を重んじるのがかっこいいと若者たちが感じるということですが、民主主義の国家は男女平等で、年を取っていようが関係ないというのが本当ですから、若者たちほどかっこ悪いと感じるんじゃないかと思ったんですが、そうではないんですね。

日本でも、偉い人ほど目下の人の名前を覚えていて呼びかけると、ますます尊敬されるということがありますから、わからないでもありません。それにしても、その程度のことでそんなにも感激するというのは、よくわからないですね。

●南北首脳会談で演出して見せた「大人《たいじん》」の風格――呉

そうでしょうね。どう言ったらいいか、韓国人の感性にきわめてマッチするようなアピールだったと言うしかないんですが……。日本人には何かわざとらしいとか不評だったようですが、ここにも日本と韓国が逆向きになる面が見られるのではないかと思います。

韓国人には、金正日に儒教的な礼がしっかり身についていると感じられたということは、別の言葉で言えば、伝統的な「大人《たいじん》」の風格を彼が巧妙に見せつけたと言っていいでしょう。

「大人」とは、簡単に言えば徳が高く度量のある立派な人を意味するわけですが、「大人」であるならば、かくかくの態度・姿勢・身振り・言辞などを身につけていて、それを形として表わすことができなくてはなりません。金正日はそれを見事にやって見せたんです。

彼は間違いなく、幼いころから朝鮮式帝王学を身につけさせられてきたんです。

いまの韓国には、あれほどの「大人」パフォーマンスをこなせる人は、もはやいません。日本でいえば、内容は全然違うでしょうが、すでに失われた、武士が武士としてあるための威厳・作法・風格などがしっかりと身についているなと、そう思わせるものがあったと言えばわかりやすいでしょうか。

すでに武士らしさとは何かは忘れられていても、その「らしさ」は無意識のうちに日本人の精神や習慣に埋め込まれていますから、それを目の前で表現されれば、それなりに心を衝《つ》き動かされるじゃないですか。韓国人は金正日の見せたパフォーマンスに民族伝統の「大人」らしさを感じ取り、いっぺんにまいってしまったんです。

●朝鮮戦争の記憶はすでに失われたのか――井沢

いまの韓国の若い人は知らないかもしれないけれど、お父さんやお祖父さんは朝鮮戦争でひどい目に遭ったわけですよね。そういう直近の歴史も、あっという間に忘れられてしまったんでしょうか。

私も行きましたけれど、ソウルの戦争記念館などに朝鮮戦争でいかにひどいことがあったかを見せる展示が、独立記念館ほどではないにしても、ちゃんとあるじゃないですか。あれを見て何とも思わないんでしょうか。怒りが湧《わ》き起こらないんでしょうか。だとすればそれは不当だというか、おかしな精神ですね。日本のほうは許せないが、同じ民族のほうは許せると、そうなっちゃっているんでしょうか。

●「民族は国家を超える」という意識の噴出――呉

礼というと堅苦しいですが、庶民にとっては生活習慣の手本とされてきたものですから、金正日が見せた礼を介して、民族的な一体感に次第に包まれていったといえるように思います。南北会談の当時はまだ、朝鮮戦争への思いはかなりあったんですが、それはそれとして、国民は「歴史的な会見」そのものに神経を集中させていました。ですから二、三日後には、あまり大騒ぎするな、過去の歴史を忘れるな、北の策略に乗るなといった意見も、かなり出てはいたんです。

朝鮮戦争観は以後、大きく変わっていくんですが、それは後で述べるとして、朝鮮民族において、李朝以後も変わらず続いた価値観の中核にあるのは、強固な血縁主義です。これは単に家族・親族という血縁関係に止《とど》まるものではなく、民族をそのまま血縁集団とするイデオロギーです。北朝鮮ではいまなお原則として国際結婚を禁止しています。韓国ではそうではないですが、理念としては民族は血の紐帯《ちゅうたい》として捉えられています。

このいわば「民族大の血縁主義」の国家建設の理念は、「民族は国家を超える」、あるいは「民族こそ国家」となるんですが、南北分断によってそれが果たせず、「国家あっての民族」あるいは「国家こそ民族」を当面の国家建設の理念とせざるを得なくなりました。こうして一つの民族が相互に対立することになり、「民族大の血縁主義」の理念はひとたび封じ込められることになったわけです。

南北対立は米ソ両体制の対立と不可分でしたから、冷戦体制の崩壊によって対立の外部要因は消失します。それによって、それまで封じ込められてきた「民族は国家を超える」「民族こそ国家」の意識が、次第に噴《ふ》き出しはじめていったわけです。南北首脳会談を契機に、まさしく堰《せき》を切ったようにして噴出していったといっていいでしょうね。民族的な一体感の深まりということを政治的にいえば、そうなるかと思います。

●まったく理解に苦しむ韓国の挙動――井沢

韓国ではずっと、北朝鮮は自由のない共産主義社会だ、とんでもない恐ろしい国だと言っていたわけです。それが、冷戦体制の崩壊でそれまで禁止されていた北朝鮮情報が公開されるようになって、金正日はいいじゃないか、儒教の礼儀作法を心得ているじゃないかという具合に、どんどん親近感を高めていった。文化交流も盛んとなって、いっそう高まっていった。そのへんの心情自体はある程度わからないではないんです。

でもね、それよりももっと大きな、とても許せないという怒りがあるはずでしょう。たとえば北朝鮮は、人権なんかないも同然の残虐国家で、朝鮮同胞を苦しめ続けています。儒教ということでいうなら、礼がどうだというより、いい政治をして民衆を救わなければいけないということが一番のテーマですね。そうすると、金正日は何百万人もの北朝鮮の農民を餓死させている。悪政によって民衆を犠牲にした。それは韓国人だって当然とんでもないことだと考えるわけでしょう。

北朝鮮なら、一〇〇万人死のうが二〇〇万人死のうが、国家をまとめていくほうが大事だと言うでしょうが、韓国は決してそういうことを無視して北朝鮮を語ってはいけないはずです。また、北朝鮮に拉致された韓国国民は一人や二人ではない。日本よりずっと多くて何百人もいる。さらに、権力にちょっと逆らったというだけで処刑された人は、これまでに膨大な数に上っています。

だいたい父親である金日成が起こした戦争によって、朝鮮民族そのものに総計一二六万といわれる死者が出ているわけでしょう。当時の南北総人口の五分の一といわれる一〇〇〇万人もの離散家族を生み出しているでしょう。しかも韓国の領土はほとんど焦土と化したでしょう。

こういうことを考えたら、私は韓国および韓国人が親北になるというのは、まったくおかしな考えだと思います。人間として最も大切なことを見ずに、いったい何をはしゃいでいるのかと言わざるを得ません。一〇〇年前、二〇〇年前の東洋の専制国家の国家観としてならわかるけれど、近代民主主義国家の国家観ではないと思うんです。

●盧武鉉政権による戦後韓国史の書き換え――呉

まったくおっしゃる通りです。韓国は民主主義国家とはとても言えません。私はずっとそう言い続けてきたように思っていますが、韓国が親北に転換したことで、そのことがよりはっきりと見えてきたのではないかと思います。

いまの韓国は、北朝鮮がこれまでにやってきた悪行をどう考えているんだ、ということですね。そこでまず、韓国の有権者の年齢別比率を二〇〇四年総選挙で見ますと、三〇〜四〇代で約四八%、二〇〜四〇代になると約七〇%と、圧倒的に「戦争を知らない子どもたち」中心となっています。また当選者の約六〇%が四〇代です。ようするに、韓国の政権を支えている中心世代は、盧武鉉ら386世代と呼ばれる一九六〇年代生まれの世代です。

この386世代の「教科書」といわれるのが、一九七九年に書かれた左翼民族主義知識人たちによる論集『解放前後史の認識』全六巻（ハンギル社）です。この本は戦後韓国史全否定の立場に立つもので、386世代の歴史認識に決定的な影響を与えたといわれます。盧武鉉大統領はこの本を「過去史清算」政策の「教科書」として、戦後韓国史の公的な書き換えを強力に推進したんです。

ここで朝鮮戦争について言えば、北朝鮮が侵略したのかどうかという議論はもうやめよう、それよりも一つの民族を引き裂いた者たちを問題にしていこう、南北共通の土俵でともに朝鮮戦争の問題を考えていこうという主張がされています。

たとえば、日本の日教組（日本教職員組合）に当たるような韓国最大の教員組合である全教組（全国教職員労働組合）も、政府と同じ立場に立っています。全教組が二〇〇一年に出した「統一教育指針」の中では、「朝鮮戦争を民族和解の立場で教育するために」として、北朝鮮が韓国を侵略したかどうかに焦点を置くのではなく、「この戦争を通じて、分断克服に必要な歴史的教訓を得ることに焦点を当てなければならない」と言っています。そこで、日本とアメリカという「外国勢力は肥え太り、民族は焼き尽くされた」ことに重点を置いた教育がなされなければならないと主張しています。

実際にも、広くこの方針に基づいた教育が行なわれています。ようするに、朝鮮戦争は日本やアメリカが自国の利益のために、朝鮮民族を犠牲にした戦争だという教え方なんです。

また先に紹介しました高校教科書『韓国近現代史』では、戦後韓国の歴史を「米政府および独裁政府対韓国民衆」という構図で一貫して否定的に記述し、北朝鮮体制は「民族自尊を守りながら絶え間ない変化を追求する合理的体制」だといった観点で記述しています(『東亜日報』二〇〇四年十月五日)。小学校の教材でも、南北が分断されたのはアメリカのせいだという観点になっているものがあります(『朝鮮日報』二〇〇四年六月十六日)。

韓国も北朝鮮もともに「国際権力政治の犠牲者」だった、北朝鮮が民族に犠牲を強いたのは「民族自尊を守るため」だった、それに対して戦後韓国史は「民族の自尊を外国に売り渡した」歴史だった——これが新時代韓国の歴史観だという政府のイデオロギー政策の推進が、北朝鮮の数々の悪行を軽視、あるいは免罪していく方向に向かわせているんです。

2　社会主義経済に舵《かじ》を切る韓国の謎

●金正日が統一朝鮮の大統領になったら――井沢

韓国社会は共産主義社会ではないわけですし、曲がりなりにも自由主義社会、資本主義社会として発展してきたわけです。北朝鮮社会の貧しさとか、自由のなさとかいうことについては、若者たちは別にかまわないというんでしょうか。

たとえば、もし金正日が統一朝鮮の大統領になってしまったら、共産主義が全土に広められるかもしれないじゃないですか。そうしたら自由もなくなるし、いまより貧しくなると思いますが、そういうのは別に平気なんですか。

●中国よりも社会主義的な韓国の市場経済観――呉

共産主義体制をとっている北朝鮮が、韓国よりいっそうひどい状態にあることは、もちろん韓国でもわかっています。北朝鮮のような国にはなりたくないというのは、はっきりしています。でも韓国のあり方もおかしいのではないか、という考えも強いんです。最も大きなものが所得格差の拡大および貧困層の増大で、これが優勝劣敗の過酷な市場経済によってもたらされたと感じているんです。

そこで北朝鮮の共産主義社会はどうかというと、これはもっとひどい。それで単純化していえば、どっちもどっちだし、中間をいく社会民主主義的な福祉国家の方向がいいのではないかという考えが、政権支持派知識人たちの大勢であるように思われます。韓国も北朝鮮も、ともにそうした方向を目指していくのがいいのではないか、というわけです。

韓国の学校での経済教育は、市場経済については社会主義国家の中国よりも否定的な観点に立っていると言われています。たとえば、韓国自由企業院の主催で、中国の市場経済や経済教育のあり方を視察した大学生たちは、帰国後、同院に提出した論文の中で韓国と中国を比較し、ズバリそう指摘しています。

また、同院が韓国と中国の小・中・高生を対象に行なったアンケート調査を見ますと、韓国の社会主義的な経済教育が子どもたちの間に、とても深く浸透していることがうかがえます（『朝鮮日報』二〇〇六年三月二日）。

この調査では、経済社会のあり方についての設問に対して、「所得は多いが貧富の格差が激しい状態より、皆が貧しくても平等に暮らすほうがよい」と回答した生徒が、中国では二〇・六％だったのに対して、韓国では四〇・七％と二倍の数字を示しています。

また「経済発展の最も重要な主体は何か」の設問に対する答えのトップは、中国生徒の「企業」（四六％）に対して、韓国生徒では「政府」（三二・七％）となっています。

財政経済部による小・中・高生の経済教科書の内容分析（二〇〇五年十月）では、概念の間違いを含む反市場的内容が四四六カ所に上ると報告されています。たとえば、「資本主義では、いくら努力しても貧困から抜け出せない」という記述まであるといいますから、啞然《あぜん》として声も出ません。ほとんどこれは社会主義国の教育ですね。

●GDPが伸びているのに経済が思わしくない？——井沢

韓国社会が二極分化していることが、そうした教育を受け入れやすくしているのでしょうか。先ほど言われた市場経済に対する絶望感というのは、思想的な立場からのものですか、それとも実際にうまくいっていないということからくるんですか。

もう一つ、最近の韓国はずっと経済成長を続けていますよね。経済危機直前に国民一人当たりのGDP（国内総生産）が一万ドルとなり、経済危機以後極端に低迷しましたが間もなく回復しました。二〇〇五年ではウォン高もありますが一万六〇〇〇ドルと大きく伸びています。それでも国民の経済生活は思わしくないんですか。

●拡大する一方の韓国の所得格差――呉

市場経済への悲観が広がっているのは、実際に経済がうまくいっていなくて、将来への展望が見えてこないことが最も大きいと思います。そのことが、人々を社会主義的な方向に目を向けさせることにもなっているんです。

GDPが伸びているにしても、多くの庶民が実際に生活の現場で感じているのは、いまの韓国社会は「過酷な優勝劣敗社会」になっている、たくさんの「負け組」をつくっている、そこからほとんど抜け出せない状態になっているというものです。つまり、もはや自分はこの階層固定状態からとても脱出できないだろうという意識が広まっているんです。階層固定化がどこまで起きているのか、議論はさまざまですが、所得格差が拡大していて貧困層が増大しているのは確かなことです。

いくつか数字を挙げてみましょう。

二〇〇五年の全国の所得上位一〇%の世帯の月平均所得は、下位一〇%世帯の十八・二倍に達しています（第1四半期の家計収支動向調査）。金額で言うと、七七六万三七三一ウォンに対して四二万七六八四ウォンです。日本円で言えば、約八〇万円と四万五〇〇〇円くらいですね。二〇〇四年の格差は十六・三倍（第4四半期）、それ以前は十倍ちょっとでしたから、格差はどんどん広がっているんです。しかも韓国の消費者物価はかなり高くて、日本とあまり変わりがないんです。石油なんかは日本よりもずっと高いんです。

二〇〇六年の世界高物価都市ランキングでは、モスクワに続いてソウルが第二位になっています（マーサー・ヒューマン・リソース・コンサルティングの二〇〇六年調査による）。

所得上位二〇%と下位二〇%だと、その月平均所得の格差は、二〇〇五年で七・五六倍です。日本は格差が拡大しているとはいっても五倍程度ですから健全な範囲内と言えますが、韓国は大きくそこを超えてしまっています。

今年の三月の政府発表では、所得上位一〇%が国税の七八%を支払っています。また、一%の人口が私有地の五〇%を所有しています。きわめて危険な土地バブル状況に突入してもいます。

所得格差を示す指標であるジニ係数で見ますと、一九九六年の〇・二九八から二〇〇〇年の〇・三五八へと、ＩＭＦ管理以後に格差が急激に進行したことがわかります（数値は〇から一の間で推移し、数値が大きいほど格差が大きいことを示す）。現在ではもっと進んでいて、日本と同じくらいのようですが、韓国の一人当たりＧＤＰは一万数千ドルですから、下位層の生活苦はとうてい日本の比ではありません。

ＧＤＰは伸びていますが、国民に回るお金はそれほどじゃないんです。どういうことかといいますと、これは「持病」といわれていますが、ＧＤＰとＧＮＩ（国民総所得）の格差が極端に大きいということです。

ＧＤＰとＧＮＩの格差はこの一五年間、ずっとＯＥＣＤ（経済協力開発機構）加盟三〇ヵ国中（二〇一二年現在は三四ヵ国）で最大を記録しています。これが何を意味するかというと、韓国経済は数字上は成長しているけれど、国民が手にする所得はＧＤＰが示す数字よりずっと小さいということです。

ＧＤＰとＧＮＩの格差が大きい理由はいくつかありますが、主なものは二つです。一つは行きすぎた輸出依存度です。二〇〇五年ではＧＤＰの実に六〇％を輸出が占めています。ですから石油価格の高騰やウォン高など、外部の経済条件の変化が韓国経済を根底から揺り動かします。サービス業などの内需産業はまったくダメなんです。もう一つは、それに加えて主力輸出産業がＩＴ産業に偏りすぎていることです。この部門は最も激しい国際競争にさらされ続けていますから、純益はどんどん下がる一方なんですね。

●なぜ韓国経済はダメになったのか――井沢

韓国はＧＤＰの伸びに応じて国民所得が伸びない経済構造になっているんですね。それに加えて所得分配が全然うまくいっていない。

そもそも、ＩＭＦ管理下に入るほど韓国の資本主義がダメになってしまった理由は何なのかと考えるんです。もしかすると一つには、資本主義のモラルがないからではないかと思います。たとえば、戦前の日本のように、財閥ばかりが稼いで弱肉強食をやりすぎたということがあるかもしれない。

日本には江戸時代から立派な商人というのがいて、たとえば角倉了以《すみのくらりょうい》という人は海外貿易でものすごく稼いだけれど、私財を擲《なげう》って水路の整備をした。昔は水路が高速道路みたいなものですから、そうしたものを整備したとか、あるいは自分で上水道を造ったなどという話があります。

商売人というのは儒教では軽蔑されていますが、日本では商道徳という言葉があるぐらい商売人が倫理を持っていて、社会に還元するということを昔から行なっている。そういう倫理観はアメリカなどにもありますが、出所はキリスト教です。でも、キリスト教のない日本にもそういう倫理はあったんです。

●韓国に蔓延《まんえん》する「集団利己主義」——呉

韓国では最近、さまざまな倫理崩壊現象が起きていますが、「集団利己主義」という言葉が盛んに使われてもいます。その典型が労使対立です。日本のような労資協調路線はいまだにできていなくて、労使双方が「集団利己主義」で激突し、いつも収拾がつかなくなってしまいます。政治の世界でも役人の世界でも、「集団利己主義」が当然のごとく横行している。政治・経済・社会のあらゆる面にわたって、現在ほど「集団利己主義」が露骨に示され、社会に広く蔓延《まんえん》している時代は、かつてなかったと言っていいかもしれません。

この「集団利己主義」は何かというと、伝統的に展開されてきた「身内正義」の倫理に基づく血縁小集団間の闘いの現代版なんですね。おそらくは、これが韓国の資本主義をダメにしている最大の要因ではないかと思います。

韓国の集団間の闘争力を支えているのは、競争相手を蹴散らして、より上のランクへ、より上のランクへと上っていくことを目指す階層上昇志向と中央権力志向です。そのため、常に時代の先端ばかりが価値となり、大きなことばかりが価値となるんです。これでは中小企業が育たないし、代々の伝統を持続させていこうというような小規模商店も育たない。商工業の基盤が育っていないんです。

しかも、商業というのは人を騙《だま》して稼ぐことだ、だから賤《いや》しい職業なんだという近代以前からの倫理観がいまだに残っています。

●韓国には資本主義の倫理がない――井沢

やはり儒教なんですね。それは老舗《しにせ》がないということにも通じている。利己的な資本主義が中心となるから、悪徳資本ばかりになってしまう。ある程度他人を騙しても、自分たちの集団が儲《もう》かればいいとなってしまう。

日本の協調主義の悪い面が談合ですが、談合の趣旨はみんなで繁栄しようということですから、韓国の「集団利己主義」とは違いますね。護送船団方式という言葉もあったように、突出すると叩かれるみたいなことがあったのは事実です。やり過ぎてはいけない、正当な競争を排除してしまうところまでいくと、それはよくないわけです。結局のところ、韓国には資本主義の倫理がないんだと思います。資本主義の倫理がないから、資本主義が悪徳商人だらけの弱肉強食になってしまい、一度外貨危機で潰れかけ、IMFの管理下に置かれた。また復興してはいるけれど、再び悪徳商人が栄えているような状況は変わらない。それで大きな二極分化が起こってしまっている。そういう現状に対して、国民が不満に思っているわけですね。

●若者たちは不満をぶつける相手を見失っている――呉

そういうことです。二〇代の失業率は日本よりもかなり高くなっていますから、若い人たちほど市場経済の先行きに希望が持てなくなっています。ですから、その不満を何かにぶつけたいわけですが、最近はあまりぶつけるところがないでしょう。

かってだったら、政府は国民の目を外部に向けさせることで、批判の矛先をかわすことができました。反日街頭デモでガス抜きをすることもできた。しかしいままでは、その手がほとんど効《き》かなくなっているわけです。

若者たちが不満をぶつけるべき相手は本来は政府なんですが、政府は若者たちと一緒になって企業が悪い、市場経済が悪いみたいな言い方をしていますから、反政府という位置がつくれない。そこで、資本主義社会そのものが悪いんだという方向に行ってしまう。知識人たちの間でもそういう声が強くなっています。

3 拉致問題よりも美女軍団

●軍事クーデターが起きる可能性とは――井沢

それで、手軽なところでインターネットで反日を唱えるみたいなことになっているのかな。でも、それで国内がよくなるわけではない。不満で鬱屈《うっくつ》するばかりですね。そこで、軍事政権をもう一度といった動きは出てきていないんですか。

昔、日本がやはり悪徳資本主義みたいな状態になっていたとき、軍の若手将校が二・二六事件を起こした。あれは国家社会主義です。ようするに軍が主導権を握り、その代わりに富を平等に分配するような、天皇をトップには置くけれど、一種の共産国家みたいなものを、つくろうということがありました。

韓国は父権的な、父親が強い社会ですよね。たとえばかつての全斗煥《チヨン・ドウフアン》元大統領のような人が出てきて、軍事政権で強引にそれをやってしまおうという、そういう状勢への期待はないんでしょうか。国家社会主義に憧れるというのは、戦前の日本もそうでしたし、ヒトラーのときのドイツもそうでした。

●国家社会主義的な方向へ進む危険性――呉

実際的な動きはありませんが、潜在意識にはあると思います。暴力的にかどうかは別にして、無意識に国家社会主義的なものを求めているところはあるんです。

たとえば、最近「毛沢東のリーダーシップに学ぼう」といった内容の本が出て、よく売れています。毛沢東の政治的な統率力への評価なんですね。韓国人は経済を変えるのは政治の力だと思っています。経済の主体は民間だという考えは薄い。ですから、政府批判の中心も、その考え方よりも統率力のなさ、リーダーシップのなさに集中しています。

若者をはじめ、国民が期待しているのはより強力な政治力を行使できる政府、全体をまとめる力を持った政府です。同時に市場経済への不信感がありますから、もっと強固な国家管理の下で経済をコントロールするほうがいいとなり、言葉としては出ていませんが国家社会主義的な方向へ目が向いてきています。

●北朝鮮に肩入れする韓国財閥の不思議――井沢

下手すると軍事クーデターが起こってもおかしくない状況ですね。全体主義的なまとめのできる強いリーダーが現われて、力を発揮してくれれば経済がよくなるのではないか。二・二六事件が起きたころの戦前の日本と同じですね。そういう期待が、強力な支配力を持つ金正日に対する憧れにもなっている。北朝鮮のほうがましではないかという考えが出ることにもなっている。

ちょっと話が戻りますが、現代財閥の創始者・鄭周永《チヨン・ジユヨン》氏はなぜあんなに北朝鮮に肩入れしたんですか。資本主義の親玉ではないですか。北朝鮮はそれとまったく反する所ですから、下手するとそこでは悪者にされかねませんよね。なぜそんな所へ行くんですかね。そのへんに韓国経済人の体質が現われているように思いますが。

●独占的資本家が見せる経営の大転換――呉

そうだと思います。彼は経済人ですが、徹底的な専制主義国家の独裁者みたいな経済人だったわけです。そういう力を行使してきたからこそ、自分は韓国の経済をここまで引っ張ってきたんだという自負があります。軍事政権がそういうやり方をずっとバックアップしてきたわけです。

そういう体験から彼は、北朝鮮でも同じやり方を採用すれば、経済をよくすることができると思っていたと思います。彼の故郷は北朝鮮にありますし、自分の力で北朝鮮を変えることができると、それくらいの考え方を持っていました。

彼は韓国資本主義の一番の親玉でしたが、最も独裁者的な資本家でした。その独裁的なやり方は彼に限ったことではなく、韓国経済人に共通したものです。

ただ、IMFの要請を受けた経済改革を通して、また金大中、盧武鉉政権の財閥解体的な政策を通して、そういう個人独裁的な経営システムはかなり変化しています。大企業では、いわゆる集団指導体制が主流になりつつあります。かといって、民主的経営になったわけではありません。国王専制から官僚専横へと代わったようなものです。

と同時に、アメリカよりもアメリカ的と言われる、短期利益主義、経営合理主義、極端な成果主義などがもたらされたんです。

それで韓国は、苛烈《かれつ》な優勝劣敗主義が支配する社会になってしまった、より自由な市場経済の推進の結果がこれだということになり、絶望感が広がっていった。と同時に「民族こそ国家」という機運が高まっていますから、北朝鮮により親近感を感じることにもなるんです。

●集団間闘争は韓国の伝統――井沢

国内で資本主義がうまく機能しないのも、お互いに敵になってしまって、共存共栄がはかれないからだ、だから資本主義的な自由を制限したほうがいい、北朝鮮をもっと見習ったほうがいいということなんですね。

でもお互いが敵になるというのは、資本主義のせいだというよりも、韓国では元からのものだと思います。古くからの慶尚道《けいしょうどう》と全羅道《ぜんらどう》の対立がありますよね。慶尚道の会社には全羅道の人が入りにくいとかいうのは、今でもあるようですから。

現状はかなりわかりましたが、韓国が今のようになる前の状態を、ここで振り返っておきたいと思います。

呉さんが若いころは、ソウルで防空演習なんかをやっていましたよね。北朝鮮がいつ攻めてくるかわからない。彼らは同じ民族ということよりも、むしろ敵だという考えのほうがずっと強かった。それが変わったのは金大中政権のあたりからだと思いますが、呉さんが韓国にいたころは、北朝鮮に対してどんな感じを持っていましたか。

●悪魔の国として恐怖の対象だった北朝鮮――呉

韓国では北朝鮮を「北韓」といいますが、「北韓」と耳にしただけでゾッとするくらい怖く感じたものです。日本に来たはじめのころ、私は東京の東十条《ひがしじゅうじょう》に住んでいましたが、たびたびチマチョゴリを着た女子学生を見かけるんです。不思議に思っていたら、近所に朝鮮学校があるというんですね。それを聞いて、ものすごく気味悪く感じました。それ以来、あの制服を見ると北朝鮮が思われて、とても嫌な感じがしていました。

もちろん、韓国でもチマチョゴリを着ることはあるんですが、着るとすればそれは晴れやかなチマチョゴリで、あんな白と黒のものじゃないんです。学校の制服にしているところはどこにもありません。

北朝鮮は悪魔のような国だと、小さいころからそう教わっていましたし、北朝鮮は共産主義の国だということで、北朝鮮＝悪魔＝共産主義というイメージをずっと持っていました。でも学校で共産主義とは何かなんて、まったく教えませんし、北朝鮮や共産主義に関する本など売られていませんでしたから、何も知らずにただただ、怖いという印象だけが強かったんです。

それで、日本に来てはじめて共産主義や社会主義の思想に触れた本を読んでみたんですが、書いてあることはとても理想的なことに思えますし、いったいこれはどういうことかと訳がわからなくなりました。日本人から北朝鮮は悪魔の国だなんて聞くことはまったくありませんでしたし、日本のマスコミもいまとはまったく違って、北朝鮮非難なんて全然していませんでした。とても不思議で、何が何だかわからなくなっていました。

●共産主義の恐怖をどのように教えてきたのか――井沢

悪魔という表現は問題ですが、でも金日成たちがやったことが反人間的なことだというのは真実ですね。共産主義が怖いというのは教育の成果だと思いますが、具体的にはどういうふうに教えられるんですか。

お前たちのお父さんやお母さんを殺した奴だぞとか、あるいは北朝鮮国内ではたくさん人が死んでいるんだぞみたいなこととは別に、なぜ共産主義はいけないのかをどう教えるんですか。

●「日本に行っても朝鮮総連には絶対に近づくな」――呉

共産主義という考え方が、そもそもどういうものかということは、あまり教えません。

学校で教えることといえば、金日成は朝鮮戦争で侵略してきて、たくさんの韓国人を殺した、金日成はソ連の傀儡政権で独裁者だ、国民を貧困に陥《おとしい》れておいて省《かえり》みることのない非人間的人物だ、たくさんの人を餓死させても平気な人殺しだとかですね。

それだけではありません。北朝鮮の人たちは金日成に完全に洗脳されてしまっていて、もはや同じ民族だとはいえなくなっている、北朝鮮全体が悪魔の国になっているんだと、そういう印象を植えつけられたんです。

それで北朝鮮情報が公開されるようになってきますと、なんだ、悪魔なんてどこにもいないじゃないか、同じ民族じゃないかということで、それまでの北朝鮮教育が吹っ飛んでしまったんです。

私が韓国にいた時分には、海外へ行く場合は必ずまる一日間の反共教育を受けなければなりませんでした。私が日本に来るときにも、それを受けたんです。教育用の映像を使ったりしましてね。私は一九八三年に日本に来ていますから、八一年か八二年ぐらいのことです。

内容は、朝鮮戦争でどんなことがあったか、北朝鮮工作員がどんなことをしているかを教え、日本では北朝鮮工作員による拉致が多いから気をつけるよう警戒を呼びかけるといった内容のものです。彼らはこんなふうにして拉致しようとするから、こういうことに引っかからないようにしなさいと、かなり具体的に教えるんです。それで、朝鮮総連の人とは決して接触してはいけないと言われました。

彼らは巧妙だから、何かいい話を持ってきて近づこうとする、それでついていくと、いつの間にか北朝鮮に連れていかれるんだとか、いろいろと言われていました。朝鮮学校の生徒たちのチマチョゴリ姿を見て怖くなったのも、そういう教育があったからです。でも、在日の人との関係で、朝鮮総連の人とも知り合うようになり、同じ人間じゃないかとようやく思えるようになったんです。

●拉致問題に関心を見せない韓国人の不思議――井沢

韓国で北朝鮮に拉致されている人は何百人もいるわけですね。それなのに、韓国人はまったくもって関心が薄い。日本人拉致についてだけではなく、同国人の拉致についても大きな抗議の声を上げてはいません。それが不思議です。

●白い目で見られてきた韓国人拉致被害者家族たち――呉

北朝鮮に誰かが拉致されますと、韓国ではその家族が疑われるようになるんです。つまり、拉致された者は洗脳され北朝鮮工作員となり、家族と連絡をとってスパイ活動をやるようになることを、韓国では一番恐れているんです。実際にそういう人がいたようで、韓国では拉致された者を持つ家族は同情されるよりも敬遠され、さらには疑いの目で見られるんです。近づけば自分も疑われるというので、支援する運動なんかまるで起きないんですね。

これも朝鮮王朝以来の伝統かもしれませんが、韓国は密告を奨励する社会です。かつては、スパイらしい人、あやしげな人がいれば申告するようにと言われ、あちこちでそういう呼びかけがありました。スパイを申告すればお金が何千万ウォン入るとかで、拉致被害者家族はとても苦しい思いをしてきました。韓国で上手な韓国語を話す日本人が疑われて、スパイかもしれないと申告されたこともありました。

日本では拉致問題が発覚して、それを契機にそれまでの北朝鮮に対する甘い認識が変わって、ようやく北朝鮮の危険性と向き合うようになりました。ところが韓国はその反対に、これまで北朝鮮を悪魔の国だと危険視していたのに、いまでは正反対の親北朝鮮になってしまっています。それで拉致問題は、今度は枝葉末節の出来事にすぎないと無視されるようになっているわけです。

●日本人は北朝鮮の映像を見れば見るほど嫌になる――井沢

一九八〇年代までの韓国はまだ反北朝鮮だったわけです。金大中政権から次第に親北に変わりはじめて、劇的に変わったのは南北首脳会談のときだとおっしゃいましたね。以後、急速に北朝鮮情報が公開されるようになって、韓国はますます親北になったと。

でも日本では、テレビで紹介される北朝鮮の映像を見れば見るほど、北朝鮮というのは何て国だと、余計に嫌いになっていきました。韓国はそうではなくて、いっそう親しみを持つようになったというのがわかりませんね。

●北朝鮮「美女軍団」が韓国人に与えた影響――呉

それはよくわかります。北朝鮮の子どもたちのあの引きつったような笑い、その笑いを決して崩さずに見事に統一のとれた踊りをするのを見て、日本人はどんどん暗い気持ちになりますね。韓国人でもあれはわざとらしいと言う人はいるんです。でも、気持ち悪いという人はいなくて、子どもらしい、可愛らしい、あれだけ統一がとれた動きをよくできるものだと感心するのが韓国では普通です。平壌の都市の映像でもそうです。作り物とはわかっていながら、なんて統一のとれた綺麗な街なのかと感心してしまうんです。なぜ感心するのかというと、やはり同じ民族なんだな、北朝鮮のほうが伝統的な民族性をよく守ってきたんだなという気持ちにさせられるからなんです。

こうした北朝鮮への共感をいっそう強力にプッシュしたのが、日本でもよく知られている北朝鮮の女性スポーツ応援団、いわゆる「美女軍団」の登場です。「美女軍団」は二〇〇二年のアジア大会に続いて、二〇〇三年のユニバーシアード大会にもやってきました。

アジア大会では私も開会式・閉会式を見に行きましたが、観覧席では鮮《あざ》やかなチマチョゴリに身を包んだ彼女たちがひときわ目につきました。アジア大会では南北統一選手団が構成され、北の選手も南の選手もコリアと書かれたプラカードを掲げ、同じユニフォームを着て行進しました。韓国人観衆が熱烈な拍手を送り、北朝鮮「美女軍団」が見事なばかりに統一された応援を展開する。この「南北一体化体験」の効果はものすごく大きかったんです。

ちょうど同じ時期に日本では拉致被害者たちが帰ってきたんですが、韓国ではその事実がチラッと報道されただけで、話題は北朝鮮「美女軍団」で持ちきりでした。

韓国には「南男北女」という言葉があるんです。つまり、美人といえば北部の女だと昔から伝えられていました。それで、やっぱり北の女は美人だと、しかも古きよき伝統をしのばせる、韓国では見られなくなった美人だとなって、彼女たちは一躍民族のアイドルスターのようになりました。これで国民の親北朝鮮イメージは、いっそうよくなっていったんです。

●仕組まれた文化戦略に乗せられる韓国人の情けなさ——井沢

それって、すごく愚かだと思うし、何か情けない気持ちになりますね。あの女性たちの応援は非常に統制された、上意下達の応援です。たしか日本選手が入場したときは手を振らなかった、拍手もしなかったとか、そういうこともあったみたいです。そういうのを見ていて嫌にならないんですかね。

美人だっていうんで余計に親北朝鮮になるなんて、まったく解せません。とくに中年の人たちは反北朝鮮教育をしっかり受けてきているんだし、金日成や金正日がどんなことをしたか知っているわけでしょう。また「美女軍団」が、彼らの文化戦略だくらいわかるでしょう。それに乗っちゃうなんて、ほんとそれは情けない（笑）。

人口の半分は女性でしょう。メロメロになる男性を見ていて、こいつらバカだなとか、思わないんですか。

●「正しい形こそ美しい」という美意識――呉

そう言われますと返す言葉もないんですが、金正日は絶妙なタイミングをとらえて「美女軍団」を送り込んできたんです。同じ民族ですから、韓国人の心情や美意識がよくわかっていて、その上での文化戦略なんですね。

韓国は世界一の美人病大国なんです。韓国人の美女・美男好みは民族的な性向と言っていいものです。「美女軍団」はそこに狙いを定めて送り込んできたんです。それに加えて、彼女たちの動きの一糸乱れぬ統一ぶりが、民族的な性向をいっそうのこと刺激したんです。

朝鮮民族は伝統的に、統一美を好むんです。「正しい形こそ美しい」というのが美意識ですから、歪みや乱れは正しい形を壊していて美しくはない。だから、あれだけ「整形美容」に人気があるわけです。

「美女軍団」の応援ぶりは政策的な狙いがあってのことだから、だまされてはいけないという主張もあることはあるんですよ。新聞も少しは書きました。でも小さな声はいつも多勢に圧倒され、大きな声が社会的な大勢となって、反対意見が表に出なくなっていくんです。韓国ではいつもそうです。

4 韓国が目指す「南北国家連合」という妄想

●どんな形での南北統一が考えられているのか──井沢

しかし、それで南北統一へ向かおうといっても、実際にはかなり無理があると思うんです。これからはオリンピックなども一つのチームでやろう、国連には一つの主権国ということで出ようというようなことはあるかもしれませんけれど。

韓国はどんな方法で統一を考えているんでしょうか。二つの自治政府の上に統一政府みたいなものを置く考えがありますね。とすると、そのトップには金正日がいいのか、それとも金大中がいいのか。統一国家名としては高麗連邦がいいということになっているようですが。

●南北国家連合と中立統一論――呉

いまのところ、北朝鮮が韓国に歩み寄る形で、当面は「南北の社会体制をそのままにして南北国家連合を形成する」という案で一致しています。韓国案はそこからさらに、「統一憲法を採択して総選挙を行ない、完全な統一国家を樹立する」という段階へ進めようというものです。そこまで具体的に話し合われてはいませんが、金日成も亡くなる少し前に、事実上将来的に「一国家一制度」を目指すとする統一方針を出していました。

金大中は、どうも南北国家連合の元首のような位置に就きたがっているようです。金大中としては何とか自分が生きているうちに国家連合を実現させたい、そうなればノーベル平和賞も受けた自分が元首として一番ふさわしいと考えていると思います。金正日もそれに反対はしないだろう、年長の自分を立てるだろうと期待しているのではないでしょうか。

本当のところはわかりませんが、金正日は韓国にスイス型の中立国家になるのはどうかと提案しているとの情報もあります。盧武鉉政権支持の知識人たちの間には、北欧やスイスのような中立国を目指した「中立統一論」を主張する者が多いですね。

これまで統一を妨げていたのは、「韓米日協調体制」と「朝中露協調体制」だった、だからどちらにも傾かないその中間に位置する統一が目指されなくてはならないということです。言葉は立派なんですが、しかしその政治的な狙いは、親北朝鮮を進めるために、日米から離れて中露に近づこうとしている政権の政策に、何とか合理的で正当な根拠を与えようということなんです。

●なぜ韓国は北朝鮮を支え続けるのか——井沢

韓国は北朝鮮を援助して、崩壊しないように支えていますね。でも、その支えを取って、いっそのこと崩れさせてしまい、北を吸収して一緒になろうという気はないんですか。そのほうが簡単なことだと思いますし、実現の可能性は高いと思います。

ドイツだって、ベルリンの壁が崩壊した後で、東ドイツを吸収統一したわけです。そのために大変な苦労をしましたが、韓国のように苦労を避けて自由のない独裁国家と連合を組むなんていう考えは持ちませんでした。

●自ら北朝鮮の罠《わな》にはまった韓国——呉

韓国が一番恐れているのは、まさにその北朝鮮の崩壊です。統一後のドイツの現状を見てから、完全にそう考えるようになりました。北朝鮮は旧東ドイツどころではない極貧国ですから、彼らを抱え込んだら自分たちの生活まで落とさなくてはならなくなる。それは何としても避けたいわけで、そのために金正日体制を崩さないように、崩壊しないようにと、懸命になって援助を続けているわけです。

金正日としてはこれほど好都合なことはありません。いくらでも韓国から搾《しぼ》り取れるわけですから。韓国は自ら罠にはまってしまった。でも、日本にも支えたほうがいいということを言う人がいますね。それは、崩壊した場合のコストよりも、支えるコストのほうが安くつくのではないかという議論です。韓国内にもこれがあります。

●韓国は北朝鮮の人権弾圧を容認するのか――井沢

そうすると、北朝鮮がどれほど人権弾圧をやっていようが、麻薬密売、ドル偽造、拉致、核兵器開発をやっていようが、とにかく体制を支えていこうということなんですね。

韓国は明らかに、国際的な犯罪者集団が食い詰めないようにと、懸命に支えている。なぜ支えるのかというと、崩壊すると自分たちが困るからということになってくる。まことに自分勝手な考えだと思いますが、呉さんはどうしたらいいと思いますか。

●南北統一に頼みの綱は中国――呉

援助をやめれば大量の餓死者が出る、それがわかっていて放置するのは人道にもとることではないか。援助をやめれば北朝鮮は追い詰められて何をしでかすかわからない、最後の一戦を交えようと討って出てくるかもしれないではないか。そういうことが金正日体制を支える理由にされています。

いくら援助をしても、本当に飢えて困っている人のところに物資が渡らないのははっきりしています。ここがどうにもならないことが明らかな以上は、援助を打ち切って自然崩壊に任せるべきだと思います。

韓国が北朝鮮に言うべきことは、北朝鮮が人権弾圧をやめ、あらゆる犯罪行為をやめ、核兵器開発をやめ、援助物資が必ず飢えた人々のもとに届くようにすること。それらが誰の目にもはっきり確認できるようにしなさい、そうでなくては、いっさい援助しませんということです。

いまの韓国の経済力では、とても北の人々まで養っていけないといいますね。それなら、国際的な支援を仰ぐために、たとえば日本やアメリカに相談に行ったか、あるいは国連に相談に行ったかといえば、まったく行ってないわけです。自分たちの問題だから口を出すなというわけです。それで、日米というこれまでの友好国からどんどん離れようとしているのです。これはどう考えてもおかしなことですね。

盧武鉉政権は民衆のことなんてまったく考えていません。一度だって北朝鮮の人権弾圧などに抗議をしたことはないんです。国連の北朝鮮人権弾圧に抗議する議決にも反対したんですから、もう狙いははっきりしていると思います。

盧大統領は、戦後韓国の歴史を全否定して、北朝鮮のほうが正しかったとする歴史を主張しているんですよ。市場経済社会を否定する教育を推し進めているんです。国内親日派の一掃は、北と一緒になるための布石の一つです。彼は北と力を合わせて、世界的な発言力を持った強力な民族国家を実現させたいんです。そうすれば核兵器も手に入ります。本気でそう考えているんです。

そこで頼みは中国となってくるんです。中国は朝鮮半島を自分の影響下に置いて、対日米戦略を優位に進めたいと思っていますから、中国側につくような形での連合や統一ならば、実現の可能性は高いと考えるんです。

●中国を模範にする愚かさ――井沢

また事大主義ですか。もともと中国に事大していたわけですから、復帰すればいいという考えがあるのかもしれませんが、大きな考え違いですね。

いま韓国で起こっている貧富の差の拡大とか、倫理の崩壊とか、汚職の蔓延などと同じことが、韓国の規模なんか問題にならないぐらいすごい勢いでいま中国で起きています。韓国がまだましなのは、上の階層と下の階層が違うといっても、等しく電気が来ているわけです。ところが中国の場合は、一三億もの国民がいるのに、電気を使えるのは三億もいない。いや、一割の一億ちょっとかもしれません。残りの九割はすごく貧しい暮らしをして、残りの一割に奉仕しているわけですから、あんな国を模範にしては大変なことになります。

●「東北アジアの中心国家」という妄想――呉

韓国では、これからは中国の時代だということが盛んに宣伝されています。もうアメリカの時代、アメリカ的な資本主義の時代は終わろうとしている、中国的な「社会主義市場経済」がすごい効果を上げている、中国は土地が広いし人口が多い、可能性は無限にある。近いうちにアメリカと肩を並べる経済大国になるのは確実だから、これからは中国の時代だという主張が、政府筋からずっと流され続けています。

中国が経済大国へと躍進をはじめ、ロシアもだんだんと経済力をつけてきているし、資源もたっぷりとある。そういう時代に、これまでのように日米にべったりの状態でいるのは得策ではない、盧武鉉はいまの国際情勢をそう見ています。

それで盧武鉉は大統領就任演説でこう言っています。これまで半島国家（朝鮮）は、大陸国家（中国・ロシア）と海洋国家（日本・アメリカ）に挟まれて翻弄《ほんろう》され続けてきたが、いまはその中間の位置を生かして、逆に両方を朝鮮半島がコントロールすることが可能な時代になったと。いわく「世界一流の情報基盤」や「ワールドカップ四強神話」を達成したいまこそ、わが民族がその真価を発揮し、東北アジアの中心国家へ雄飛していく時代を迎えた、というわけなんです。

日米からかつてより離反し、中露へかつてより接近し、その中間の位置で南北国家連合を形成すれば、双方の間に立って東アジアの動向を十分左右する力を持つことができる。これが盧武鉉大統領の構想なんです。

●統一朝鮮の経済体制はどうなるのか――井沢

構想というより、幻想、いや、もはや妄想ですね。で、東北アジアの中心国家になるとして、経済体制はどうなるんですか。韓国にはいまの資本主義ではいけないという認識はあるわけでしょう。そうすると、たとえばマルクスは資本主義は遅れた制度であって、これが全部崩れた後に理想的な共産主義社会が来ると言っていますが、韓国でもそういうことを言っているんですか。

●貧困の責任は金持ちが負うべきだと言う現政権――呉

そうではなくて、自分たちの失敗を、資本主義そのものに限界があるからだと、資本主義自体のせいにして、社会主義もダメだけれど、その中間をいく社会民主主義がいいんじゃないか、といったような単純な考えなんです。それで盧武鉉政権は資本主義経済を批判し、社会主義経済を評価するようなことを言って、バランスをとっているんです。

共産主義をやりきろうなんて、そんな大それた考えを持っているわけではありません。国家管理資本主義とか、国家社会主義とかをやりたがっていて、そうすれば我々は統一できて大きな力を持てるんだぞと、北朝鮮をそういう方向で説得しようとしているんだと私は見ています。

たとえば最近、盧武鉉は財閥企業の幹部たちを集めて、こういうことを言っています。韓国社会の最下層の三%が貧困にあえいでいるのは、最上層の一〇%の者たちの責任だ、だから責任はあなたたちにある、その責任を果たすためにあなたたちはその利益を三%の層に分配しなくてはならない。つまり、韓国社会で貧困が切実な問題となっている責任は、政府にあるのではなく、大企業が自由勝手に儲けているせいなんだと言っているわけです。これは、何かそういう自主分配の基金なりの手立てを講じなければ弾圧するぞという脅しですから、法的な強制ではないにせよ、趣旨は国家社会主義そのものなんですね。

●もしサムスンが韓国から逃げ出したら?――井沢

そうなると、お金持ちたちは海外へ逃げていくことになるんじゃないですか。大企業だってそうでしょう。サムスン電子やLG電子はすごく調子がいいですね。彼らに逃げられたら、韓国経済は壊滅状態になるでしょう。サムスンが逃げたら本当に大変なことになりますよ。

●お金持ちが韓国から逃げはじめている――呉

まさしくそうですね。韓国の株式市場の株価の三割から四割を、サムスン関連の企業が占めているんです（二〇〇六年当時）。それなのに、政府はサムスンをいろいろな手を使って弾圧しています。現代グループに対してもそうですね。

それで、韓国人のアメリカ移民者数が二〇〇〇年以降、急増しているんです。ワシントンの「移民研究センター（CIS）」の報告書によりますと、二〇〇〇年以降の四年間で、アメリカに移民した韓国人は一七万二〇〇〇人で、一九九〇年代の一〇年間の移民者数とほぼ同じだということです。これは、世界的な逆現象だそうです。

かつてと大きく異なるのは、アメリカへ移民する階層が中間所得階層から上流階層であり、年齢も若年層・中年層から壮年層、しかも専門技術者がとくに多いということです。理工系技術者、医者、弁護士、会計士などが中心です。

また海外移民全体について言いますと、その特徴は、かつての一旗揚げようとか、子どもの教育のためとかの理由よりも、北朝鮮の核問題や政府の方針を嫌って、「脱韓国」を目指したいわゆる「投資移民」の増加が目立つようになっていることです。

一つは、フィジーやエクアドルやマルタなどの休養地が新しい移民先として浮上していること。もう一つは、アメリカやカナダのように、何千万円かを投資して事業を興すならば市民権を与えるという制度を狙っての移民です。簡単に言えば、お金持ちと専門家たちが、韓国から逃げ出しはじめているということです。

第三章　韓国人に教えてあげたい本当の韓国史

1　歴史教科書の基本姿勢

●独自の年号も、外交権もなかった朝鮮――井沢

韓国では青少年たちに、どのように自分たちの国の歴史を教えているんでしょうか、またそこでは、日本とのかかわりをどう教えているんでしょうか。

いま手元に『入門韓国の歴史』［新装版］（明石書店）があります。これは韓国の中学の国定教科書の日本語訳ですが、ざっと読んでみて私が何を連想したかというと、戦前の日本の教科書です。共通するのは「わが国は素晴らしい」というトーンです。戦前の日本では日本の歴史について「金甌無欠《きんおうむけつ》」という言葉がよく使われました。「傷のない金の甌《かめ》」という意味ですが、戦前の日本の教科書では、わが国にはそれほど素晴らしい歴史があったということが述べられていたんです。

遡《さかのぼ》れば、かつて朝鮮半島には高句麗《こうくり》、新羅《しらぎ》、百済《くだら》の三国が鼎立《ていりつ》する三国時代（三一三

～六七六年）がありました。やがて新羅が唐と結ぶことによって、ほかの二国を圧倒して朝鮮半島における統一国家をつくった（六七六年）。それ以降、朝鮮半島の統治者には中国から国王という称号が与えられます。

国王というのは、中国に服属した周辺国家の首長に与えられる称号です。これ以降、昔の言葉で言えば、中国は朝鮮半島の国家の宗主国になり、いまふうに言えば朝鮮半島は中国の属国になった。少なくとも独立国家とはいえない部分が多々ある国になったわけです。

その証拠に、これは肝心なことですが、年号は中国のものを使っていて、自分たちの年号は使っていない。また、時代がもっとずっと後なのですが、徳川《とくがわ》幕府と朝鮮（李氏朝鮮）が友好関係を持ったとき、朝鮮から日本へ派遣する使者は、正式な外交官とは異なる「通信使」という名称でした。なぜ外交官ではないのかというと、独立国ではない一種の属国である朝鮮半島の国家には、独立自主の外交権がないからです。外交権がないから独自の年号も使えませんでした。

韓国人、とくに韓国の青少年に気がついてほしいのは、近代以前の朝鮮半島では重要な事件はみな、十干《じっかん》十二支で示されているということです。たとえば壬辰《じんしん》倭乱《わらん》とか、甲申《こうしん》政変とかのようにです。なぜ壬辰というのでしょうか。日本だと文禄《ぶんろく》の役、慶長《けいちょう》の役というように、日本の年号を使っています。朝鮮半島では壬辰とか甲申とか、ことごとく十干十二支で表わしていますが、その理由は、独自の年号を使うことが許されていなかったからだということに気がついてほしいんです。

ところが韓国はそれを隠しているというか、はっきりと説明しない。たぶん韓国の青少年に「君たちの国はなぜ壬辰倭乱というように、壬辰という六〇年ごとの十干十二支で表現するの」と聞いても説明できないと思うんです。そのようにうまく隠蔽してあるという感じがします。

●「属国朝鮮」の証拠を隠すマスコミ――呉

いま言われたようなことについて、「そう言われてみれば、確かにそうだ」という気づき方を、日本に来てから何回もしてきました。年号もその一つでしたが、属国ということに関連して最近きわめて興味深い報道がありました。

十九世紀末にアメリカ海軍航海省が発行した『海上国家の旗』(Flags of Maritime Nations, 1882)に、最古の太極旗の絵が掲載されていたことがわかったんです。『朝鮮日報』がこれを報じ、同時に韓国語版・日本語版・英語版のインターネット版でも報じました（二〇〇四年一月二十六日）。問題となるのは、そのときに掲載された「高麗《こうらい》國旗」と名づけられた太極旗の絵です。これは、朝鮮末期の清《しん》国（中国）外交文書（一八八三年三月）に収録された、それまで最も古い部類の太極旗とされていたものです。

日本語版・英語版のインターネット版では、この「高麗國旗」と書かれた上にもう一行ある文言が見えていました。ところが、韓国語版の新聞とインターネット版では、その一行が見えないような位置で太極旗の絵が掲載されていました。その文言が何かといいますと「大清國属」という文言なんですね。その下に「高麗國旗」と書いてあるんです（157ページ参照）。

清国の公式文書に「大清國属」とあるんですから、明らかに朝鮮は清国の属国だったわけです。ただ、なぜ「大清國属」の国家の旗が「朝鮮國旗」ではなく「高麗國旗」となっているのかはよくわかりません。

このように、韓国では国定の「唯一正統な歴史」（教科書に書かれた歴史）に反する歴史的事実は、いまなお国民の目には触れないように、国家・マスコミ・学者一体となって隠し続けているんです。

●中国語ガイドが韓国史を歪曲している?——井沢

最近、韓国の国立民俗博物館が、中国語の通訳ガイドが韓国史を誤って案内するケースが目立っているということで、「誤った中国語案内事例」というガイドラインを発表しています。事例のほとんどは、韓国文化は中国文化を移したものといった内容ですが、中に「韓国は昔から中国の属国」というのがあるんですね。

これについて韓国の新聞は、「ガイドの大半が通訳案内士試験に合格した人ではなく、違法滞在中の華僑《かきょう》や朝鮮族」であり、彼らが「韓国の歴史・文化に無知な『無資格』のガイド」だから、こうした韓国史歪曲が起きるんだと報道しています(『中央日報』二〇〇六年七月十九日)。でも中国では、朝鮮半島の諸国はいずれも中国の属国だったと、当然の歴史を教えているわけですから、この摩擦は起きるべくして起きたことですね。

●高句麗も扶余《ふよ》も中国の少数民族とする中国——呉

まさしくそうです。近年では、中国と韓国の間で、朝鮮半島の歴史をめぐってたびたび摩擦が起きています。たとえば二〇〇四年七月に、中国外交部がホームページで、古代朝鮮半島北部に成立した王朝国家の高句麗を、「中国の少数民族地方政権のひとつ」として

韓国による歴史隠蔽の一例

朝鮮末期の清国外交文書に収録された、わかっている範囲で記録に残る最も古い太極旗の絵。
左が『朝鮮日報』の日本語・英語版のインターネットで紹介されているもの。右が韓国語版のインターネットで公開されている図。韓国語版では「大清國属」の４文字が削除されている。

その歴史を紹介しました。これに対して韓国では、日本に対するのと同じように、「歴史歪曲だ」「韓国への侵略だ」として、官民挙げての猛烈な抗議行動が展開されました。

また、二〇〇六年七月に、中国・瀋陽の遼寧省博物館で「遼河文明展」が開かれましたが、中国の東北部から朝鮮半島東北部にかけて古代に存在したとされる扶余《ふよ》のコーナーでは、「扶余は中国東北地域で早い時期に建国した少数民族のひとつ」と紹介され、扶余も高句麗も遼河文明＝中国の一地域という立場でさまざまな展示が行なわれました。韓国では、扶余は韓民族の源流をなすとされているんですが、この展示に対して韓国の学者（姜友邦梨花女子大教授）は、「韓民族こそ遼河文明の完成者だ」と、まるでひとりよがりの反発をしています（『朝鮮日報』二〇〇六年七月三日）。こういうことは、これからもどんどん起きるでしょうね。

●韓国の歴史捏造を支える無知——呉

私が生徒だった一九六〇年代から七〇年代前半では、韓国の「唯一正統な歴史」を相対化できる手がかりは、一般的には皆無に等しかったといえます。ですから私は、歴史というものは一つの正しい観点から書かれたものであり、それ以外に存在しないものというふうに思っていました。疑問の持ちようのない環境で幼いころから教育を受けていくと、誰でもそうなるんじゃないかと思います。

しかし現在では、先の例のようにインターネットをちょっとのぞくだけで、誰もが韓国の歴史捏造を簡単に暴くことができます。にもかかわらず、教科書の歴史に対する疑問が叫ばれることがありません。かつては知らされなかったゆえの無知が、現在では知ることができるのに知ろうとしない無知が、韓国の歴史教科書の捏造を支えているといえるように思います。

●教科書の歴史以外に選択肢のない環境――井沢

そんな教育環境ならば、呉さんが韓国の歴史教育に何の疑問も持たず、そのまま受け止めていたのは当然のことですね。国で教えられる歴史を、一〇〇％事実だと、固く信じるしかないような状況下での教育だったわけです。

呉さんは日本に来て、長く日本で生活しながら、いろいろな本を読んでこられたと思うんですが、あるいは日本の教科書を読まれたかもしれませんが、そうしたことで、韓国の歴史教科書についてどんなふうに思われましたか。

●日本に「教えてあげた」「伝えてあげた」のオンパレード――呉

日本の歴史書や歴史教科書に比べて、とても主観的、情緒的であり、具体性に乏しく抽象的だという感じを強く持ちました。さらに、日本に関する記述では、ことさらに対日優越意識に満ちあふれた記述になっているんですね。

古代史で言うと、三国時代の朝鮮半島諸国が日本にどれだけ文化を「教えてあげた」か「伝えてあげた」かが、執拗に繰り返し記されています。『入門韓国の歴史』から例を挙げてみるとこんな具合です。

百済は日本に「漢文・論語・千字文を伝えてあげた」「漢学と儒教を教えてあげた」「政治思想と忠孝思想を普及させてあげた」「仏教を伝えてあげた」「天文・地理・暦法などの科学技術を伝えてあげた」。

「高句麗もたくさんの文化を日本に伝えてあげた」「新羅は船をつくる技術、堤防と城郭を築く技術を日本に伝えてあげた」「伽耶《かや》は土器を作る技術を日本に伝えてあげた」。

とにかく「教えてあげた」「伝えてあげた」のオンパレードなものですから、日本はもともとは野蛮国で、何から何まで我々の祖先によって訓育・感化を受け、はじめて文化というものを身につけることができたんだな、という印象を強く持つことになるんです。

三国時代、朝鮮半島はあらゆる文化の花を開かせ、文物の輝きに満ちていた。一方、日本という国を眺めてみると、文化も何もない未開地であった。漢字もなければ、仏教もなければ、まともな文化は一つもなかった。その国に朝鮮半島諸国はおしみなくあらゆる文化を伝えてあげた、教えてあげた。これを基盤にして、日本の国が成り立つようになった――。

これが韓国人に共通の、古代日韓関係の歴史認識です。

●あまりに手前みそな対日記述――井沢

手前みそもいいところだと思いますが、教えてあげた、伝えてあげたの「あげた」というのは、文字通り日本語の「あげた」の意味と同じものなんですか。またこれは、日本人に限らず、どの相手に対しても使う言い方なんですか。つまり、「教えてあげた」という言い方は、一般的に対等と見られる相手に対して使うものでしょうか。

こういう言い方をされると、日本のみならず、ほかの外国でも、たとえばアメリカのような国でも傲慢《ごうまん》だと受け取る人が多いと思いますが、そういうことは韓国の人は感じないんですか。

●「話をさせてあげます」という依頼の仕方――呉

日本語の「教えてあげた」は、韓国語では「カルチョジュオッタ」となります。まったく同じ意味です。教えてあげることは、とてもいいことで、徳ある者が示すべき義務でもあるんですね。ですから相手の地位の高低にかかわらず使います。ただ、相手次第で韓国語でもより丁寧な「教えてさしあげます」という言い方をします。

言葉のニュアンスとしては、「教えた」「伝えた」よりも「教えてあげた」「伝えてあげた」のほうが、韓国人には響きがいい。日本人なら傲慢となるところでしょうが、韓国人としては教えるほうが優位で、教えられるほうが劣位だという上下関係が意識されているので、そう言わないと落ち着きが悪いんです。

たとえば講演などで話すときに、たいていの日本人は「お話をさせていただきます」と言うでしょう。韓国人は韓国人相手だったら「お話をしてさしあげます」となるんです。

講演を依頼するほうもそうですよ。ずいぶん以前のことですが、韓国のある企業から、自分たちの勉強会で話をしてくれないかとの依頼を受けたことがありますが、その依頼の仕方に、内心笑ってしまったんです。そのとき相手は「話をさせてあげましょう」と言ったんです。まあこれは、あちらが韓国有数の企業で、私が何の資格もない評論家で、しかも女で若いという韓国的な序列意識からのことなんですね。女だから、若いからといって、このような言い方をするのは、日本ではとても考えられないことですね。でも韓国ではそれが普通の言い方です。

●常に相手の上位に立ちたがる韓国人――井沢

日本だったら人間性を疑われますね。それが普通の言い方だというような国は、あまりないのではないでしょうか。

どうもこれは、言葉の表現だけの問題ではなく、内面のあり方自体にかかわる問題じゃないかと思います。言葉の響きがいいということからすると、何としても相手の下位になりたくない、上位に立ちたいという気持ちがあって、そういう表現をするんじゃないでしょうか。

●日本から援助を受けても感謝しないわけ――呉

その通りなんです。意図的にそうしているというよりは、小さいころからそうした言葉遣いが当然のこととされていますから、指摘されないと気がつきません。これも日本に来て、はじめて気づかされたことの一つです。

言われてみると、たしかにそういう気持ち、下位に立ちたくないという気持ちがあるんですね。たとえば、どこかの会社で働いているとしますね。日本人だったら単に「働いている」となりますし、謙虚に丁寧に言う場合は「働かせていただいています」となりますね。韓国人も「働いている」とは言いますが、「私がこの会社で働いてあげている」という気持ちでいたいので、「働いてあげている」という言い方をしようとします。

日本語教育を受けますと、慣用句というものがありますから、その限りでは「日本ではそういう言い方はしないんだな」とわかって、日本語で日本的な表現ができるようにはなります。ところが、なぜ日本人はそういう言い方をするかがよくわかっていないと、時と相手をわきまえない言葉遣いをしてしまい、とくにビジネスなどでは相手の気分を大きく害することになったりします。

言葉は何とかこなせても、態度となるとそう簡単にはいきません。日本人のように、誰に対してもすぐに頭を下げるとか、腰を曲げて挨拶《あいさつ》をするとかということが韓国人にはなかなかできません。

たとえば、誰かから援助を受けたとしますと、言葉では感謝を示していながら、態度のほうは「援助を受けてあげている」という威張ったものになってしまう。こうなると日本人は、言葉と態度が裏腹じゃないか、なんて生意気な奴なのかと感じることになるんです。このようなことは国民性の問題として、一番根本的なことです。

相手への感謝や謝罪の気持ちを、日本人はペコペコ頭を下げる態度で、しつこいくらいに示しますね。韓国人にはそういう態度は卑屈な態度と映るんです。何か援助を受けても、相手が自分に援助して当たり前だと思えば、感謝すらしません。だから、日本がいくら韓国に援助をしても、感謝の意を示そうとしないんです。

2 檀君《だんくん》朝鮮から高麗《こうらい》王朝まで

●「悠久の単一民族の歴史」の根拠を問う——井沢

ところで、古代史以前というのがありますね。韓国では「わが韓民族」という言い方がよくされますが、最初から単一民族だったというふうに教えるんですか。たとえば日本のように、元々さまざまな種族がいて、混血を繰り返していった末に、やがていまの大和《やまと》民族が形成されたというような考え方はないんですか。

『入門韓国の歴史』にも「わが民族は悠久の単一民族の歴史を作り上げ」とか、「五〇〇〇年以上にもなる長い期間、一つの歴史を歩んできた」といった記述がありますが、「五〇〇〇年」というのはどこから出てくる年数なんですか。

●韓国人の誇る「半万年の歴史」――呉

いつごろ韓民族が形成されたかということは教わりません。韓国人は最初から我々の直接の祖先の韓民族がいたようなイメージを持っています。

私にしても、日本人は複数の種族が混血を繰り返して民族が形成されたということを知って、日本人は雑種なのかとバカにしていました。それで後になって、なるほど「わが民族は混じりけのない純血」だという意識は、教科書で植えつけられたものだったんだなと思い当たりました。

ですから、日本人のように民族のルーツに関心を持って研究し議論することなど、韓国人はあまりしません。日本人があまりルーツ、ルーツと言うし、その中に韓国人ルーツ説もあるので、やはり日本人のルーツは韓国人なんだと思い込んでいる人が、韓国にはたくさんいます。

中国は「中国四〇〇〇年の歴史」という言い方をしますね。

韓国はそれよりもさらに古い「五〇〇〇年の歴史」があるといわれています。一般的には「五〇〇〇年」とは言わずに「半万年」と言います。そのように言わないと韓民族の歴史だという感じがしませんね。

それでは朝鮮民族には本当に「五〇〇〇年」の歴史があるのかというと、あるわけがないんです。「五〇〇〇年」の根拠は何かというと、神話なんです。日本でいえば、国土開《かい》闢《びゃく》神話とか天孫降臨神話に相当するものとして「檀君《だんくん》神話」というのがありますが、しかも記録されたのは日本のように古くはなくて、十三世紀末の『三国遺事』（一二八〇年）という書物に記されているにすぎないんです。その内容は、天上神の帝釈《たいしゃく》桓因《かんいん》の子桓雄《かんゆう》が地上に降り、熊女《ゆうじょ》と結婚して檀君王検が生まれ、後にこの檀君が国をつくって平壌に都を定めたというものです。

それで、韓国ではまるで科学的ではない紀年計算を採用して、檀君の建国起源を紀元前二三三三年と「公的に」定めたんです。そうすると韓国の歴史は四三〇〇余年となりますので、切り上げて「五〇〇〇年」とし、「半万年の歴史」と称しているわけです。戦後の韓国では、一九六一年まで檀君何年という檀君紀年が使われていました。

●法隆寺金堂壁画の作者をめぐる珍説――井沢

檀君というのは、日本でいえば神武《じんむ》天皇どころか、イザナギとかスサノオとかに相当するんですね。しかも、四三〇〇余年を切り上げて「五〇〇〇年」とするサバを読んでいるわけですか。最初からでたらめを教えているんですね。

日本という国が、三国時代の朝鮮半島と非常に深いかかわりを持っていたのは事実です。安閑《あんかん》天皇（在位五三四～五三五年）や宣化《せんか》天皇（在位五三六～五三九年）は、朝鮮半島の任那《みまな》が故郷であるともいわれます。

かつての朝鮮半島に、日本が領有権を持つ任那日本府というのがあったということは、現在否定する学者が多いんですが、それはともかく、いわゆる天皇家の本貫《ほんかん》の地が朝鮮半島にあっても不思議はないと私は思っています。だからこそ日本は百済に対して非常に深く介入しているし、新羅と唐が組んで朝鮮半島を統一しようとしたときは、百済に味方して、いわゆる日本でいう白村江《はくすきのえ》の戦い（六六三年）で百済を助けたという歴史的な経緯があるわけです。

韓国の教科書にも、日本と百済が組んだということ、百済が一度滅んだ後、日本が味方をしたということは書いてあります。ただ、「ときには（百済が）倭の勢力を韓半島に引き入れ、三国抗争に利用した」という言い方なんですね。

また、日本が朝鮮半島から、千字文や、漢字を、あるいは紙の作り方などを教えてもらったのは確かなことです。でも、「高句麗もたくさんの文化を日本に伝えてあげた云々」

とある部分の書き方は明らかにおかしいんです。

高句麗の僧侶、恵慈《えじ》（五九五年来日、六一五年帰国）が聖徳太子《しょうとくたいし》の師であることは本当です。でも「タムジン（曇徴）が紙、墨、硯を作る技術を教えてあげ」に続けて、「法隆寺の金堂壁画も彼の作品として知られている」とあるのは間違いです。技術者と画工は職種が違います。法隆寺の金堂壁画は作者不明なんです。あくまで公平に言えば、高句麗、あるいは朝鮮半島から渡ってきた画法で描いた可能性もないではありませんが、きわめて低い、といったところです。

法隆寺の金堂壁画の作者が曇徴であることを示す歴史的な証拠は、いっさいないというのが事実です。日本の学会ですらそんなことは言っていないのに、どこからそのような話が出てくるのか。どこにそんな歴史事実があるか示せと言われても示せるわけがない。ようするにこれは、何でも教えてやったんだということを、まんべんなく言いたいがために書いただけのことだと思います。

はっきり言って、これは歴史の捏造であり、国民をだます歴史といっても過言ではないと思います。

●都合のいいところだけ日本の『日本書紀』を利用――呉

日本人の多くが、井沢さんのように天皇家のルーツが朝鮮にあってもおかしくないとか、いろいろと文化や技術を教えてもらったのは確かだとか言われるでしょう。それは、文献にはそう推測できる蓋然性があるから、あるいは信頼できる文献にそう記載されているから、ということで言っているわけですよね。日本にとって都合がいいとか悪いとかの問題ではなく、ましてや反天皇とか反日本のイデオロギーから言っているわけではなく、客観的にそう言い得るということですね。

でも韓国にはそのような歴史観はないんです。

いまのお話の根拠となる文献は『日本書紀』、つまり日本の文献ですね。韓国の教科書の「日本に何々を教えてあげた云々」の記述は、みんな日本の文献に書いてあることを元にして自らに都合のよい解釈をほどこしたものなんです。韓国には古代の文献は一つも残っていません。『日本書紀』には古代の朝鮮半島諸国についてもいろいろと書かれていますから、韓国の古代史研究には欠かせない史料なんですが、都合の悪いことについてはいっさい触れないんです。

●民族の独立を唐に売り渡した新羅――井沢

徹底したご都合主義なんですね。

話を戻して、民族ということでいえば、新羅の外交官だった金春秋《きんしゅんじゅう》（後の武烈王《ぶれつおう》）は、身内の高句麗や百済を滅ぼすために唐という外国民族の力を借りたわけですが、彼は立派な英雄ということになっています。確かに新羅から見たら英雄かもしれないけれど、彼は朝鮮民族の独立を唐に売り渡したといってもいいと思います。しかも彼はこれによって国王、つまり中国に服属する国家の首長となったわけです。その一番肝心なことが教科書には書いてないんです。

●北朝鮮では新羅を売国国家と糾弾している――呉

新羅が唐の力を引き込んで高句麗や百済を滅ぼしたことですが、面白いことに、北朝鮮が教える歴史では、まさしくいま井沢さんが言われたように、新羅は朝鮮民族の独立を唐に売り飛ばした売国国家だと位置づけているんです。最近の韓国では、北朝鮮のほうがより徹底した民族主義教育をしていたことがわかってきて、「過去史の清算」をそこまで遡らせて、北朝鮮のほうが正しい歴史認識をしていると主張する人が少なくありません。

●韓国に古い時代の文物が残っていないわけ――呉

統一新羅時代の美術を代表するといわれるものに、慶州近郊の有名な石窟庵《せっくつあん》の石仏があります。とても大きくて立派なものですが、この石仏は、長い間ずっと土に埋もれたままになっていました。これが発見されたのは近代になってからのことで、発掘も実は日本軍の手によってでした。

なぜこんなことが起きるかというと、朝鮮半島では王朝が交代しますと、前王朝の政治も文化もみな否定してしまうんです。また、戦乱が起きると敵の文化の大部分を破壊し、焼き払ってしまいます。

そういうわけで、韓国には古い時代の文物がほとんど残っていません。それで韓国人は、日本の奈良に行きたがるんです。何しろ、ことごとく「教えてあげた」「伝えてあげた」ことに加えて、「あの作品はわが祖先が作った」と主張されているものが多数ありますから、奈良に行けば「祖先の偉業」を偲《しの》ぶことができます。

多くの韓国人は、奈良へ行って日本の古代文化を鑑賞するというよりは、わが祖先の築き上げた古代朝鮮文化を鑑賞しているという、そういう気になっているんです。

●宋《そう》にお願いして国王になった高麗王――井沢

逆に言うと、史料が乏しいから、いかようにも歴史をでっち上げることができることにもなるんですね。古代末から中世の話に進めましょう。

韓国の教科書で宋《そう》と高麗（九一八～一三九二年）の関係を見ますと、次のように書いてあります。

高麗の建国当時、中国は分裂していたが、その後宋によって統一された。高麗は親宋政策を繰り広げたので、高麗と宋との間では文物の交流が活発になった――。

これは間違いですね。文物の交流が活発になったのは本当だと思いますが、高麗が国王にしてくれと宋にお願いして国王になったわけですから、ようやく「お前たちに朝貢を許す」といった形で文物の交流が盛んになったわけです。属国になったからそういうことが可能になったのに、いかにも対等な国家関係だったように書いてあるんです。

高麗でも朝鮮でも国王が亡くなると、すぐ次の国王が立てられるのではなく、中国から冊封使《さくほう》が来て承認が得られるまでのつなぎに、次の国王候補が名乗る「権知国事」という称号があったのです。つまり、つなぎの称号ですね。冊封というのは簡単に言えば、お前にその土地を支配する権限を与えると保証する、お墨付きのことです。

これは、同じように中国の冊封を受けていた琉球《りゅうきゅう》王国にはなかった習慣です。琉球王国では、国王が没すると、即座に王子が国王に就き、その後で中国の冊封使を呼んで正式に冊封してもらうという事後承認の形をとっていました。

ところが朝鮮半島の国家では、中国の許しもないのに国王を名乗るのはとても畏《おそ》れ多いということで、こうしたつなぎの処置をとっていたのです。

大変嫌な言い方をすれば、つまり卑屈なんです。朝鮮半島は中国と陸続きだから、うっかりしたことはできないということはあると思いますが、そうしたことも韓国の教科書には全然書いてありません。これもまた、歴史の隠蔽であり歪曲というべきだと思います。

●高麗が元《げん》に降伏したことを隠す歪曲――井沢

高麗はその後期、約一〇〇年の間、モンゴル民族が打ち立てた中国の元《げん》王朝（一二七一～一三六八年）の支配下にありました。教科書の記述では、元と言ったり蒙古と言ったりしていますが、歴代中国王朝の中では、元が朝鮮半島に対して一番強圧的で、いろいろな風俗を強要しました。この時期の歴史で一番肝心なことは、元が高麗を占領下に置いて、日本を侵略をするための軍艦などを造らせたことです。これで元寇が起こったわけです。

教科書には、「高麗は蒙古と講和した後、日本遠征に協力を強いられ、領土の一部を失い、内政干渉を受けるようになった」とあります。ここで、まず講和というのはウソです。実際には降伏したわけです。次に「日本遠征に協力を強いられ」というのは本当です。「領土の一部を失った」というのも本当でしょう。

でも「内政干渉」というのは、事実といえば事実なんですが、支配下に置かれたわけですから、内政干渉も何もないわけです。あくまで独立国だったと言いたいがために、そういう書き方になるんです。そもそも、朝鮮半島は金春秋の統一新羅以来、ずっと中国から内政干渉されっぱなしなわけです。それをいかにも蒙古のときだけ干渉されたように書いているんです。

●数々の王室用語を禁止された高麗――呉

教科書には、どこにも元の支配下に置かれたとは書いてありません。高麗は一三五九年ごろにモンゴル勢力の支配下に入りました。その後、一三七〇～七三年に、済州島を拠点にしてモンゴル軍と抗戦した武人グループがありましたが、高麗軍はモンゴル軍と一緒になってこれを鎮圧しています。

元の支配下に入ってからの高麗の歴代国王はみな、元の多数いた皇女の一人を妃とすることを強要され、高麗国王には例外なくその妃の産んだ男子が就いています。また、国王は亡くなると「○宗」と名乗るんですが、この宗号が禁止され、「朕」という言い方も禁止されて「孤」（徳のない者の意味）とされ、「陛下」も禁止されて「殿下」とされるといった具合に、たくさんの王室用語が格下げされました。また、高麗領土の東北部は完全に元の領土に編入されています。

いずれも日本人研究者が執筆した歴史書に書いてあることですが、これは内政干渉などというものではなく、明らかに元王朝が高麗に自らの臣下であることを示させたものです。

3　朝鮮王朝時代

●国号を明《みん》に決めてもらった李氏朝鮮――井沢

高麗の次の王朝が朝鮮（李氏朝鮮／一三九二～一九一〇年）ですが、朝鮮という国号は「朝鮮」と「和寧」という二つの候補から、宗主国である明《みん》に選んでもらったんでしたね。二つを挙げて「どっちがいいですか」と、わざわざお伺《うかが》いを立てて、名づけ親になってもらっているわけです。

ところが教科書は、「新王朝は国号を朝鮮と定めた。朝鮮はすなわち古朝鮮の伝統を受け継ぐという意味で、檀君に民族の独自性を求めるという意味が含まれている」と書くんですね。この朝鮮という言葉は朝鮮王朝以前からあったんですか。

●死ぬまで国王の称号を与えられなかった李成桂《イ・ソンゲ》——呉

　檀君朝鮮と言っていますが、これは歴史的事実ではありません。歴史上の朝鮮については、中国の『史記』や『漢書』に、古く朝鮮半島に箕氏《きし》が建てた朝鮮という国があり、前二世紀初頭のころに最後の王の衛氏《えいし》（衛満）が、平壌あたりに本拠を置いて朝鮮を建てたといったことが書かれています。最初の朝鮮が箕氏朝鮮、次の朝鮮が衛氏朝鮮と呼ばれます。

　中国の文献では箕氏は殷《いん》の貴族の出身となっていまして、朝鮮土着の人物とは書かれていないんです。しかも、少なくとも箕氏朝鮮についてはそのままでは信頼できない、史実としては確認できないというのが、東洋史学では一般的な見方のようですね。衛氏朝鮮についても、中国や日本では、朝鮮人が建てた国ではなく、漢民族による征服王朝だとみなしていると思います。

　朝鮮（李氏朝鮮）についてですが、一三九二年に明国に国号の選定と国王の承認を仰いだ李成桂《イ・ソンゲ》は、朝鮮国王の称号をもらえなかったんです。翌年の一三九三年に明から与えられた正式な称号は「権知朝鮮国事」でした。「権」は代理のことですから、代理朝鮮国知事、つまり朝鮮国王代理とされたわけです。一四〇一年に正式に国王に冊封されたといわれますが、どうもそうではなく、亡くなるまで国王に冊封されることがなかったようです。李朝の王が正式に朝鮮国王に冊封されたのは、三代目のときからともいわれます。

なぜ李成桂は朝鮮国王に冊封されず、代理のまま置かれたのでしょうか。おそらく李成桂が元々は高麗の将軍で、元軍の討伐を命じられながら勝手に和睦し、そのまま引き返すや、自分の君主である高麗王を武力で排除して王位に就いたからだと思います。

漢民族国家の明としてはそれは許せない。つまり李成桂は、漢民族国家の中国が正式に冊封した国王を排除し、なおかつ君主への忠の徳を汚した逆賊ですから、公式に国王にすれば、儒教国としては他への示しがつきません。だから公認しなかったんです。

面白いことに、北朝鮮もこの中国の制度観そのままに、李成桂を逆賊と非難していて、李氏朝鮮を檀君朝鮮の伝統を引く正統な朝鮮王朝とはみなしていないんです。

●ハングルを自ら貶《おとし》めた朝鮮——井沢

話を先に進めましょう。韓国のウォン札の肖像にもなっている世宗《セゾン》大王が、一四四六年に訓民正音《くんみんせいおん》、つまりハングルを作りました。朝鮮初期の文化業績の中では最も重要で画期的なことは訓民正音の創生でした。

日本は古代に、すでにひらがな、カタカナを作っています。しかもひらがな文学、カタカナ文学が女性の間から生み出されてきています。

一方、訓民正音というのは、バカな民に正しい音を教えてやるという意味ですね。偉い人が民衆に対して、正しい発音を教えてやろうではないか、というのが訓民正音を作った趣旨です。訓民正音を作らせたこと自体においては、世宗は名君として評価されていいと思うんですが、実際には国内にものすごい反対があって、なかなか普及しなかった。

教科書では、作られてすぐ世間に広く普及したように書いてありますが、これは事実ではありません。支配階級は漢字こそ正しい文字だと考えていましたから、全然評価しなかった。むしろ、なぜこんなものを作るのかと、抗議をした人がたくさんいました。一部はこれを歓迎しなかったと教科書に書いてありますが、一部どころか、ほとんどの人は歓迎しなかったのが真実です。

文人官僚たちは中国寄りですから、なぜ中国文化という優れたものがあるのに、こういうものを作るのかと反発しました。朝鮮半島諸国では、ずっと文章は漢文が正文でしたし、自分の国の歴史ではなく、中国史を学ぶのが正史を学ぶことでした。朝鮮半島知識人たちが展開した文化にオリジナリティなどどこにもなく、むしろ彼らはオリジナリティを軽蔑したんです。これはとても肝心なことです。

日本はそこまで中国文化に染まっていなかったので、中国文化を尊重する一方で、自分たちの文化を表現するために、ひらがな、カタカナというものを作りました。そのひらがな、カタカナによって『竹取物語』や『源氏物語』という新しい文学、独自の文化ができていきます。

ところが韓民族は、不幸なことに中国文化に染まりすぎたことによって、自分たちの文化を育てようとすると、ケチがつくような状況になってしまった。ハングルもその一つですね。いまでこそ韓国人はハングルを偉大な文字と言うけれど、当時は諺文《オンムン》、つまり「卑俗な文」と言って差別していたということが、韓国史の重大な側面なんです。

●自文化を破壊しつづけてきた歴史――呉

そういう歴史を教わることはありませんし、たとえ知っていても知らん顔をします。韓国人が長い歴史の中で心の底から「これは独自の文化だ」と誇れるものは、何よりもハングルなんです。子どもから大人まで、ハングルはいかに立派であるか、いかに科学的であるかと自慢します。ですから、自ら歴史の中で貶《おとし》めてきたなんて、とても考えたくないんです。ここでも、教科書が実証的な態度ではなく、きわめて情緒的な態度で書かれていることがわかりますね。しかも、ハングルを一般民衆にまで普及させたのは、日本統治時代の日本なんです。でもそんなことは、おくびにも出しません。

●豊臣秀吉《とよとみひでよし》はなぜ朝鮮に侵攻したのか――井沢

次に豊臣秀吉《とよとみひでよし》の朝鮮侵略について触れましょう。

韓国の教科書には書いていないようですが、秀吉はまず明王朝を侵略しようとしたんですね。韓国の教科書では「領土的野心から」と書いています。それももちろんありますが、根本の理由はナポレオンやジンギスカンなどと同じことなんです。乱世を統一した英雄というのは統一した段階で、当然軍隊が余ってしまう。これを全部クビにするわけにはいかないので海外侵略に出ていったんです。

このケースは日本ではこれ一回だけですが、世界的にはよくあったことで、中国などでは頻繁に起こっていたことです。だから日本もやっていいということにはなりませんが、まず朝鮮半島は中国から攻められたケースのほうが圧倒的に多いということが一つです。それを秀吉が一番悪いように書いてある。

韓国人が豊臣秀吉を「癪《しやく》に障《さわ》る」と言うのは、攻めてきたからということだけではなく、朝鮮半島から中国に攻めていった英雄が一人もいないことがあると思います。守った人はいっぱいいるんだけど、攻めていった人はいない。ところが事もあろうに、自分たちよりも下位だと思っている日本人が、そこまでやれたということが、余計に癪に障るわけです。

●華夷《かい》秩序の中央制覇を目指した秀吉の国際性――呉

韓国の教科書はというか、これは韓国人の性向ですが、自分のこととなると、まったく客観性を失い、大局的な観点なしに物事を見てしまいます。韓国で壬辰倭乱と呼んでいるこの豊臣秀吉の「朝鮮侵略」なるものは、東アジアではごく当たり前に行なわれてきたことで、歴史的に幾度となく繰り返されてきたことです。

つまり、われわれ東アジア人にとっては、当時の世界といえば中華帝国世界、華夷《かい》秩序の世界のことでしたから、大陸諸民族はみんなこの権力中枢を奪取して、世界の覇者になろうとしていたわけです。なぜかといえば、それをしなくては自分たちは華夷秩序の中で「夷族」であることに甘んじ続けるしかないからです。ですから何としても「華族」たらんとする。

事実、モンゴル族はそれをやって元王朝を建てましたし、満州族もそれに成功して清王朝を建てました。また、ツングース族の一派である女真族《じょしん》も金《きん》王朝を建てています。中国王朝を支配したのは漢民族に限ったことではなく、どんな民族が支配したって、それは正統なる中国王朝なわけです。

中国中央を攻めるには、当然その間にある国や地域を通過することになりますから、中央を狙う国は中間地帯にある勢力をまず撃破しつつ進軍することになります。豊臣秀吉がやったのも、これとまったく同じことです。これを侵略というなら、諸国の歴史はことごとく侵略の歴史に満ちているわけで、豊臣秀吉だけを責めても意味のないことです。

日本人には歴史的にそういう世界観がなくて、豊臣秀吉がそうした国際的な視野と権力観を持っていたことを何ら評価せずに、ほとんどの日本人が豊臣秀吉は朝鮮を侵略した、悪いことをしたと言うんですね。そういう見方は、世界史的な観点に立てば、きわめて不当な見方であり、韓国人とは逆の意味で、歴史的な客観性がない、大局的な観点がないものと言っていいんじゃないですか。

いや、もっと大きく「他国不可侵」の倫理から見てそう言うんだというのなら、元王朝や清王朝や金王朝を、はっきりと侵略国家だ、彼らは悪いことをしたんだと言うべきです。でも、そんな言い方は聞いたこともありません。

だいたい、大陸の歴史は大部分が征服王朝の歴史です。日本人がこれをよくないことと考えるのは尊重したいと思います。日本人はきっと、他民族には他民族の理由があるのだから非難してはいけない、しかし自分たちについては、やってはいけないことをしたと自己批判すべきだ、そういう姿勢で歴史を見ようとするんだと思います。

●名将・李舜臣《イ・スンシン》をクビにした朝鮮の愚かさ——井沢

その通りだと思います。

さて、当時の朝鮮の優れた軍人に李舜臣《イ・スンシン》という人がいました。『入門韓国の歴史』は中学の教科書だからしょうがないのでしょうが、もし私が朝鮮民族の一員だったらぜひ書いてほしいと思うことがあります。それは、李舜臣は朝廷の抗争に陥れられて一度クビになっているということです。最も優秀な軍人が国家のために戦っているのに、それが国内の権力争いのためにクビになってしまうという、実に愚かなことを朝鮮はやっているということです。こういうことを教科書では取り上げるべきではないかと思うわけです。

●日本海軍によって再評価された李舜臣――呉

李舜臣は、ハングルを作った世宗大王、朝鮮朱子学大成者の李退渓《イ・テゲ》（一五〇一～七〇年）と並んで、戦後韓国では歴史上の三大英傑に挙げられています。しかし、李舜臣は日本軍を撃退した国家防衛の最大の功労者でありながら、朝鮮ではずっと評価されることなく、歴史に埋もれたままになっていたんです。

それが、近代になって日本海軍が大きく評価したことから、朝鮮でもにわかに注目するようになったんです。文人支配の朝鮮では、武人を評価することはまったくありませんでした。

●敵の死者を供養した日本の武人たち――井沢

もう一つ関連することを付け加えますと、京都に耳塚《みみづか》という大きな塚があります。これは朝鮮半島に出征した秀吉軍の加藤清正《かとうきよまさ》や小西行長《こにしゆきなが》らの軍勢が、最初は敵の首を取っては本国に送っていたんですが、重くて大変なので、代わりに鼻を削《そ》いで送るようになり、その鼻を埋葬した場所なんです。それを鼻塚と言うのが嫌なのか、耳塚という言い方をしています。

問題となるのは、首の場合には男か女かわかりますが、鼻だと性別も武人かどうかもわからないということです。そのため朝鮮では、相手の武将を討ち取ったのだと日本では言っているけれど、本当は罪もない民衆の鼻を削いだんだ、あるいは殺して鼻を削いだんだといわれていて、そういうことも事実あったらしいんです。

問題は、韓国の歴史学者たちが、京都の耳塚は秀吉が自分の勝ったことを自慢した戦勝碑だと言っていることです。しかしそれは絶対にあり得ません。なぜかというと、五輪の塔だからです。仏教の基本的な常識ですが、五輪の塔というのは供養塔です。だからどう考えても五輪の塔である以上、戦勝碑ではないんです。それにもかかわらず戦勝碑だと言っている。そういうことを信じた韓国人観光客などが耳塚に来て、「日本はこんなけしからんものを建てた」と言っているんです。

これは靖国《やすくに》問題にも通じることですからぜひ言っておきたいんですが、元寇のときにも日本を攻めてきた元の侵略軍や高麗兵の死者を、日本はきちんと供養しています。その一例が、朝鮮に出兵した薩摩藩主・島津義弘《しまづよしひろ》とその子忠恒《ただつね》が建てた「高麗陣敵味方供養碑」です。これは高野山にありますが、明らかに敵の人たちもともに供養したものです。

日本人は、死んでしまえばみな仏であって平等であるという考え方をします。そういう死生観が靖国にもつながっているということです。これをぜひわかってほしいと思います。

●「人は死ねばみな神」とはならない韓国――呉

日本では「人は死ねばみな神になる、みな仏になる」という言い方をしますね。神や仏には敵も味方もない、ともに戦場に散った大切な命であることに変わりはない――。戦った敵の霊を祀《まつ》ることは、日本では古くからの習わしだったと聞きます。

韓国では一族による儒教式の先祖供養以外、人の霊を祀ることはしません。また、儒教的な死生観では、死とともにその人の罪が消え去っていくというようには考えていません。ただシャーマニズム的な民間信仰では、悪行を犯して亡くなった者も、子孫が真剣に供養しつづけていくことで、次第に「よき霊」となっていくという、日本に近い宗教性があると思います。

●日本には日本の信仰がある――井沢

日本の怨霊信仰に近いんですね。これは悪い魂《たましい》、悪いことをした奴でも、それをきちんと丁重に供養すれば、供養というのは仏教的表現ですが、丁重に祀ればいい神様になる、よい働きをしてくれるようになるという信仰です。

こちらから攻めていったことだから、あまり文句を言うつもりはありませんが、朝鮮半島で日本兵は何万人も死んでいるはずです。ところが、その供養碑があちらに一つでもあるかといったら、ないわけです。きっとその遺体は、ゴミのように捨てられたと思います。それはそちらのご自由だからいいんですが、日本には日本の信仰の仕方があるわけで、そのことも理解すべきです。自分たちのやり方を絶対視すべきではないということは言いたいですね。

4　日韓併合への道

●日本の開国要請を頑《かたく》なに拒否した朝鮮――井沢

近代史に入りましょうか。まず幕末に日本には黒船が来航し、朝鮮にもアメリカのシャーマン号などが来航して開国を要求します。日本の場合は、これを深刻な危機として受け止め、やがて開国となり、明治維新を経て近代国家を形成していきます。でも朝鮮では、あくまで攘夷を貫いて鎖国を維持しつづけようとしました。

日本は明治維新後、朝鮮に対してたびたび開国を要求しました。しかし朝鮮は、頑迷に国を開こうとしない。あくまで清国の属国としてあり続けようとしたんです。頑《かたく》なに事大主義を貫こうとした。

そういう朝鮮に日本は大きな危機感を持ちました。早急に開国して自主独立の国家を形成し、近代化と富国強兵を推し進めなくては、またたく間に欧米列強の支配下に置かれることになってしまうからです。そうなれば、今度は日本が危なくなるわけですから、武力をもってでも強引に朝鮮を開国させ、独立国家形成へ導くべきだという考えが勃興しました。それが明治初期の征韓論だったんです。

●首都ソウルを軍事制圧下に置いた清国――呉

征韓論の狙いは、大きくは中国を中心とする東アジア世界秩序の破壊にありました。日本はこの古代以来の東アジア世界秩序を破壊し、自らの手で新しい東アジアの世界秩序を生み出し、欧米列強のアジア侵略に対抗しようとしたんです。そこで、何よりもまず隣国の朝鮮をこの世界秩序から離脱させること、つまり朝鮮独立が、近代日本の外交上の最重要事項として浮上したわけです。

当時の国王は第二十六代の高宗でしたが、幼いころに王になったので、前王の父の妃が摂政となり、高宗の父が国王を補佐して政治の実権を行使していました。この国王の父が興宣大院君《こうせんだいいんくん》です。大院君の政治は、きわめて排外的なもので、フランス人神父九名を処刑し、八〇〇〇名以上のキリスト教信者を惨殺しています。

また大院君は頑迷な復古主義者で、欧米列強に対しては強固な「衛正斥邪《えいせいせきじや》」政策を貫きました。「衛正斥邪」とは「正を衛《まも》り邪を斥《しりぞ》ける」の意味で、正は儒教、邪はそれ以外のすべての宗教や思想を意味します。と同時に、中華文明を正とし中華文明に従属しない民族を邪とすることをも意味します。この考えから、大院君は日本の開国要請を頑なに拒否したのです。

一八七三年に、大院君政権が倒れて閔《ミン》氏政権が成立します。お決まりの宮廷クーデターなんですが、閔氏政権は反大院君派と開化派官僚に支えられて成立したものですから、一転して開化政策がとられます。

こうして紆余《うよ》曲折《きょくせつ》を経ながらも、一八七六年に朝鮮は日本と正式な国交条約、日朝修好条規を結びます。開化派官僚を多数抱えた政権は、開国となるや日本へ使節団、留学生、視察団などを活発に派遣していきます。

主として青年官僚が日本に送られたんですが、彼らは日本の近代化の進む様子を見てびっくりするんです。横浜から新橋まで鉄道が走っているのを見て驚き、電気、電信、電話に驚き、学校や病院がどこにでもあることに驚きます。近代政治制度を知り、教育制度を知り、身分制度のないことを知り、科学技術の導入と発展を知り、産業の興隆や貿易の振興を知ります。また彼らは、当時の国際情勢を日本ではじめて知ることになります。

日本は朝鮮に新式小銃を献納し、近代的な小銃部隊の編成を勧めます。朝鮮はこれを受けて、別技軍《ピョルギグン》と名づけた部隊を作り、日本の軍人を教官として訓練します。

これに旧軍兵士が反発して一八八二年に反乱を起こします。彼らは王宮を占拠し、閔氏一派を追放して、再び大院君を政権の座に就けます。

この反乱で日本公使館は占領されて全焼します。日本は仁川《インチョン》に一五〇〇人の軍勢を集結させますが、清国は三〇〇〇人の軍勢をソウルに進駐させて一気に反乱を鎮圧し、大院君を中国に拉致し、軍隊をそのままソウルに駐留させます。日本はまったく手を出せないままでした。

こうして清国は、ソウルを軍事制圧下に置いたまま、朝鮮と新たに「不平等条約」を結び、外交顧問を派遣して実質的な外交権を握ります。このときの駐留軍司令官が袁世凱《えんせいがい》です。清国はこの時点から、それまでの宗主国支配に加えて、さらに近代的な帝国主義支配をも行なうようになっていったんです。

●金玉均《キム・オッギュン》への凌遅刑《りょうちけい》——井沢

朝鮮に対する新たな清国の支配が始まりました。こうして朝鮮は再び、清国の管轄下で開化を進めることになります。

それに対して、金玉均《キム・オッギュン》を中心とする一〇代から三〇代前半までの若手官僚たちが、何とか日本の協力を得ながら朝鮮独立を図ろうと画策する。この独立開化派と中国へ事《つか》えながら開化を進めていこうという派が対立する。

そうして次第に追いつめられていった独立開化派の人たちが、甲申《こうしん》政変（一八八四年）と呼ばれるクーデターを起こすんですね。しかしクーデターは失敗し、金玉均らは日本に亡命しますが、朝鮮の政府は後に彼が上海に渡ったときをとらえて暗殺してしまう。

それで暗殺された金玉均は、凌遅刑《りょうちけい》というのですが、死体をバラバラにされるような処刑を受けた。韓国の教科書には、こうしたことは書いてないですね。

●一貫して独立の芽を自ら摘《つ》み続けた朝鮮政府――呉

金玉均は、韓国ではしばらくは売国奴とされていました。北朝鮮が「朝鮮ではじめて近代的な改革を推進した人物」と評価するようになって、韓国でも同じように評価するようになったんです。それで金玉均は、「日本の侵略を助けた売国奴」から「日本の犯罪的な裏切りで政治改革を挫折《ざせつ》させられた近代化推進者」へと位置づけが逆転したんです。どっちにしても、日本を悪役にしていることでは変わりはないんですけれどね。

金玉均の若い仲間たちの多くは、日本留学体験を持つ高級官僚の子弟でした。彼らは独立党、あるいは急進開化派と呼ばれていました。日本の影響下で明治維新のような革命を目指したんです。朝鮮独立を主張したのは彼らが最初でした。

独立党のメンバーはみな文人ではありますが、日本でいえば、国を憂える血気盛んな青年将校に相当すると思います。彼らが挙行した甲申クーデターは、日本公使館守備兵たちの援助を受けて王宮を占拠し、同志四十数名・王宮警備兵四〇〇名で、王宮を包囲する駐留清国兵一五〇〇名と戦い、わずか三日間であえなく惨敗を喫する結果となりました。

これだけでいえばとても無謀な決起みたいですが、その背景には日本軍の出動という密約がありました。しかし日本軍はついに出動しませんでした。なぜ出動しなかったのかについては、いまだに謎が多く、いろいろな議論があります。

このクーデターの後、日清間で結ばれた天津条約で「両国はいっさいの兵力を朝鮮から撤収すること」と定められました。こうして清国の首都軍事制圧のなくなったことが、せめてもの成果でした。

●日本は朝鮮の改革を求めて日清戦争を戦った――呉

甲申クーデターの直後から、朝鮮はロシアの保護下に入る密約を結び、日清両国の干渉を排除しようとします。これは何とか穏健開化派によって阻止されますが、ロシアの太平洋艦隊が朝鮮の永興湾一帯の占領に動こうとすると、イギリスがその機先を制して多島海諸島の一つ、巨文島《コブント》を占拠します。

ロシアとイギリスの対立が清国の調停でひとまずおさまると、朝鮮は再びロシアと密約を交わそうとして清国に阻止される。こんなことを繰り返していて、内政はガタガタになり、国民の大多数を占める農民たちの疲弊の度合いが深刻さを増します。

それで一八九四年に甲午《こうご》農民武装蜂起、いわゆる東学党の乱が起きるわけです。農民軍は一万人に膨《ふく》れ上がり、次々に政府軍を討ち破って全羅道の首都を占拠し、ソウルを目指します。これに対して国王高宗と閔氏政府は、清国に鎮圧軍の出動を要請します。こうして清国の軍勢が続々と朝鮮半島にやってきます。同時に日本も、日本公使館と日本人居留民の保護を理由に朝鮮半島に軍隊を派遣します。

こうして日清衝突の危機となり、朝鮮政府はあわてて農民軍と和議を結び、反乱はすでにおさまったからと日清両国に撤兵を求めます。清国は日本に共同撤兵を申し入れますが、日本は朝鮮の内政改革なしに撤兵すれば、再び同じことが起きる、内政改革が先だとして具体案を朝鮮政府に提出し、清国の撤兵提案を拒否します。

国王高宗は日本の要請を入れて改革への詔勅を出します。次に日本は朝鮮政府に対して、清国軍に撤兵を要請することと、清国との間に結んだ不平等条約を破棄することを求めます。そうやって内政改革をスタートさせようとしたんです。しかし朝鮮政府は期限までに回答をしませんでした。

それで日本軍は実力行使に出ます。景福宮を占拠して清国軍と戦端を開き、日清戦争が勃発します（一八九四年八月一日）。この日清戦争で日本が勝利し、これによって朝鮮はようやく独立国となったわけです。

●日本の力で独立できた朝鮮——井沢

朝鮮は独立して、一八九七年には大韓帝国と名乗りました。帝国の「帝」の字は、中国の臣下である国は使えない。つまり「帝国」の首長は、中華帝国臣下の国王ではなく、自立国家の国王だから皇帝と称することができる。帝国と称したことはそのまま、中国から独立したことを意味するわけです。

ところが韓国は、朝鮮が中国の従属国家であったことを隠し、しかも日本の力で独立できたことを隠しています。もちろん日本の国益もありましたが、朝鮮を自主独立の国とすることを、日清戦争に勝ったときの下関条約、講和条約の第一条でうたったわけです。つまり、「清国と朝鮮国の宗族関係を廃棄し、朝鮮を自主独立の国とする」と定めたんです。

これで朝鮮はようやく、長い中国の軛《くびき》から、統一新羅の金春秋のころから数えれば一〇〇〇年以上に及ぶ長い軛から解放されました。

●閔妃《ミンピ》を悲劇のヒロインに仕立て上げる愚――井沢

やっと独立できたのに、朝鮮はまたまたロシアに接近し、ロシアの庇護《ひご》下に入ろうとします。それで結局、日本軍守備隊が閔妃《ミンピ》（明成皇后）を殺害してしまう（一八九五年十月八日）。

たしかに王邸に侵入して王妃を殺害することは非常に破廉恥《はれんち》なことではあります。だけど、この人は単なる王妃ではなくて、ある意味ではロシアに国を売り渡そうとした人ですね。日本に寄るか、ロシアに寄るかという違いはあったにしても、国民のことを考えていたかどうかというのは非常にあやしい人間です。

だから政争の中で排除されたと考えるのが普通だと思いますが、韓国はあくまで悲劇のヒロインにしてしまっている。

●朝鮮の「外戚勢道政治《がいせきせいどう》」を排除した日本――呉

日本軍が閔妃を殺害したのは、一つには彼女がいわゆる「外戚勢道政治《がいせきせいどう》」の要だったためです。「外戚勢道政治」というのは、王妃一族が王の外戚という権勢をもって展開する専横政治のことです。閔氏一族は政権のあらゆる要職を親族で固め、一族の繁栄を最大の目的として政治を私物化しました。一言で言えば、謀略と腐敗に満ちた堕落政権だったと言っていいでしょう。

当然ながら国王は彼らの傀儡と化しますから、正しい意味での国政がまったく機能しなくなります。しかも閔氏政権は、日清戦争後日本が三国干渉を受けたことから、「もはや日本はたのむに当たらない」としてロシアへ接近し、改革派を排除して閣僚をことごとく守旧派・親露派で固めました。日本の影響力をシャットアウトし、「外戚勢道政治」を温存しようとしたんです。

このどうしようもない政治的な悪弊を排除しようとして、日本軍守備隊、朝鮮訓練隊兵士、日本人壮士たちが景福宮に突入し、閔妃を殺害したわけです。

●「独立門」を日本からの独立記念と信じる若者たち――井沢

それから間もなく、国王と政府閣僚がロシア公使館に逃げ込むんですね。こうして朝鮮は、いよいよロシアの傀儡政権と化していきます。そのころになって、ようやく民間に独立協会というのができて、国王がロシア公使館なんかにいるのは独立国家の恥だ、出てきてほしいというキャンペーンをはじめる。それで国王はロシア公使館から出て、皇帝即位式を挙行して国号を「大韓帝国」と定めます。

こうして晴れて自主独立の国家となったことを祝って独立門が建てられました。ですから、独立門は言うまでもなく中国からの独立を記念したものですが、韓国の若い人たちはみんなそれを日本からの独立だと信じて疑わないんです。

●中国勅使を九回叩頭《こうとう》の礼で迎えた朝鮮国王――呉

いくら何でも勉強不足ということになるんですが、私も若いころには、三・一独立運動（一九一九年）を記念して建てられたんだろうなと思っていましたからね（笑）。

独立門のところには古くからの迎恩門があったんです。これを破壊して一八九七年に独立門が建てられました(左ページ)。中国皇帝の勅使が訪れたときに、朝鮮国王はこの迎恩門のところまで迎えに出て、勅使に九回叩頭《こうとう》するのが礼でした。叩頭というのは、頭を地面につけてお辞儀することです。

独立門は国家の発案ではなく、独立協会の提唱で建てられたものです。

また、日韓併合時には併合を記念する門が一進会の手で建てられました。もちろんこれも後に壊されましたけれどね。そういう三つの門の歴史があるということも、朝鮮特有のことでしょうね。

●「独立門=日帝からの独立」イメージの植えつけ——井沢

迎恩門はそういう、中国に対して国王が臣下の礼を示す場としてあったので、朝鮮人としてはものすごく屈辱的なものだったわけです。独立して、ようやくそれをしなくてもすむようになったということで、それをぶち壊して独立門を建てた。そういうことを教科書は全然書いていない。そもそも従属国家だったことを書いていないんですから、当然書かないことになるんでしょうが。

「独立門」のいわれ

上段は李氏朝鮮時代、国王が清からの勅使を迎えに出た「迎恩門」。下段は、日清戦争後の1897年、清からの独立を記念して建てられた「独立門」。左側に取り壊された迎恩門の柱が残っている。

韓国のずるいところは、意図的に錯覚させるような装置を作るところです。独立門のすぐ近くに抗日烈士の墓を作りましたね。それとセットで見れば、どう考えてもあの独立門は日帝からの独立を記念したものだというふうに見えるわけです。日帝からの独立なら一九四五年じゃないとおかしいんですが、独立門が建てられたのはそれよりずっと前なわけです。でも、独立門といえば独立運動というイメージがあるから、日帝からの独立を記念したと思いやすい。

●朝鮮独立に最も力を注いだのは日本だった——呉

錯覚する条件が教育で植えつけられていますからね。まさか中国からの独立とは思わない意識になっているんです。

歴史の教科書では、日本統治時代のところにグンと力が入っていますから、いっそう強い印象を受けることになります。私も高校生のときに近代史の教科書を読んで、日帝は民族抹殺をはかっていたんだと、本気で信じ込みました。しかし韓国人はそれにひるむことなく、堂々と立ち向かって独立運動を展開した、われわれの父母、祖父はそういう苦難の時代を生きてきたんだと、とても誇りに思いました。わが民族は命をかけて勇敢に戦い続けたと書いてあるんですね。

私は韓国近代史の一番重要なポイントは、韓国は一貫して独立を望み独立のために力を尽くし続けてきたのに、日帝がそれを妨害したために独立が果たせなかったと主張しているところにあると思っています。

しかし事実はその正反対だったわけです。日本が一貫して朝鮮独立を推進し、朝鮮が一貫して独立潰しを推し進めた。これが歴史の真実ですね。

日本統治下に入るまでの朝鮮の社会が、いかに悲惨な状態にあったか、政治がいかに腐敗と堕落に満ち満ちていて、いかに過酷で暴力的な専制支配が行なわれていたかということが、韓国の教科書ではきわめて遠慮がちにしか書かれていません。李朝末期には惨憺《さんたん》たる国家的荒廃状況が全土に広がっていたわけです。

韓国では末期の朝鮮がそうしたすさまじい荒廃状態にあり、独立への意志など頭の隅にすらなかったことを、決して認めるわけにはいかないんです。これを認めたら、すべてがひっくり返ってしまいます。戦後韓国の民族主義が根底から消し飛びます。なぜなら、そういう朝鮮の近代化に最も力を注ぎ、独立への道に最も力を注いだのが実は日本だったということが、白日の下にさらされてしまうからです。

韓国にとっての最大の危機がこれです。社会の民主化、情報社会化、国際化が進んでいけばいくほど、そうした歴史の捏造が暴き出される可能性がより高くなります。そういう「追いつめられた危機意識」が、民主化、情報社会化、国際化のすべてについて、これを親北朝鮮の方向で推し進めていく路線を生み出したと思います。

●近代化せずに中国臣下であり続けようとした朝鮮——井沢

朝鮮の近代化や独立については、福沢諭吉《ふくざわゆきち》などがいろいろと援助をしましたが、そういうことも全然書かれていません。

大院君や閔妃は朝鮮民族の代表であり、まったくの被害者だというように書かれています。彼らのやったことは、朝鮮を近代化しないで中国の臣下であり続けようというものですね。これは果たして、朝鮮民族として正しい選択だったといえるのかという視点、これがまるでないということです。

●日韓併合に至った朝鮮自らの要因と責任——呉

韓国は、日韓併合に至った自らの側の要因と責任の所在を、徹底的に抉《えぐ》り出す作業をしなくてはなりません。ＩＭＦ管理以降に、そうした機運がいくらか出てきてはいたんです。李朝末期はどれだけ政治や社会が乱れていたか、血にまみれた権力闘争に終始していたかという批判がかなり行なわれて、議論がそこに集中した一時期がありました。

しかしこれは、単なる倫理的な批判の域を出ることなく尻つぼみになってしまいました。権力争いがあった、そのどうしようもない権力争いのために、国力を弱体化させて日本にやられてしまったと、「自己反省」はそこまでで止まってしまっています。

●安重根《アン・ジュングン》のとんでもない見当違いには触れない教科書――井沢

朝鮮が独立できたのは日本のおかげ、しかも伊藤博文《いとうひろぶみ》のおかげなんです。つまり下関条約のときの日本の総理大臣は伊藤博文でした。極端なことを言えば、独立の恩人として伊藤博文の銅像がソウルに建っていてもおかしくないんです。それなのに、伊藤博文は韓国人暗殺者・安重根《アン・ジュングン》の手で殺されてしまい、殺した人間が英雄になっている。伊藤博文を殺したことはかえって併合を促進してしまいました。

韓国では、安重根は併合を阻止するために伊藤博文を殺したのだといわれ、みんなそれを信じていますね。安重根自身は人格的に立派な人だったかもしれないけれど、やったことは完全に逆効果で、むしろ併合を促進してしまった。伊藤博文は維新の志士でもあるし、朝鮮が独立してやっていけるのならそれで結構ではないか、一緒に手を携えてやっていければいいではないかと思っていた節があると私は思いますけれど。

伊藤博文が暗殺されたことによって、それ見たことかと、やはりああいう国は併合して、一から教育しなければダメだということになってしまったわけです。安重根のやったことは決してプラスになっていない。

●逆効果だった安重根の行動――呉

伊藤博文は、韓国を日本に併合することには反対で、日本の保護下に置いて力をつけさせ、それから独立させるのがよいと考えていました。一方、日本の軍部にはこれに反対する意見が強くありました。保護国化でいくのがよいのか、併合したほうがよいのか、二つの考え方が日本にあって、保護国化論者の中心が伊藤博文でした。安重根はそういう状勢の中で伊藤博文を暗殺したわけです。状勢判断を誤ったと言うには、あまりにも見当違いの行動だと言わざるを得ません。

教科書はそういうことを隠して、安重根が伊藤博文を殺したのは、伊藤が日本を併合しようとしたからだと生徒たちが思うように仕向けているわけです。

5　日本統治時代

●日韓併合は植民地化を意味しない――井沢

日韓併合というのは、単純に植民地支配とはいえないまったく別タイプの統治です。植民地というのは本国が支配下に置いた地域を差別して、搾取しまくるのが基本なわけです。たとえば日本は朝鮮に創氏改名を奨励しましたが、創氏改名がどんどん進むとどうなるかというと、差別しようにもできなくなってしまう。本当に差別したかったら、韓国人に日本名を名乗ることを許してはいけないんです。

南アフリカのアパルトヘイトがまさにそうで、黒人は白人のテリトリーに入ってはいけないし、白人と結婚してもいけない。そういうことが本当の意味の差別であり、植民地支配です。だから日本には日本の、善意の押しつけがあったことは事実だけれど、それをほかの国の植民地支配と同一視するのは明らかに間違いです。

●日本統治は全般的に文化的統治だった――呉

教科書では、最初に「日本統治はいかに武断的で過酷な弾圧支配だったか」という観点で構成が立てられ、終始一貫してその観点からのみ日本統治時代の歴史が書かれています。つまり、その観点に正当性を持たせられる事実だけを、部分的に引いてきて記述しているわけです。その観点と少しでも矛盾するものは、いっさい記述されません。

たとえば、『入門韓国の歴史』には、「日帝のわが国に対する植民地支配は、憲兵警察を先頭にした強圧的な武断政治であった」として、あらゆる政治活動が禁止され、集会の自由や結社の自由も奪われたとあり、さらに「韓民族を脅し、屈服させるため、一般役人はもちろん、教員にも制服を着せ、剣をつけさせた」と書かれています。

ここに書かれている武断的な統治は、併合の九年後に起きた三・一独立運動以前に、ある程度行なわれていたことは事実です。しかし総督府は、三・一独立運動で出された諸要求を受け入れて、以後は武断統治をいっさい改めました。

集会の自由も結社の自由も本国と同様に認め、役人や教員の剣付帯をやめさせ、軍人や憲兵が表立って秩序維持に当たるようなやり方をすべてやめさせました。そして総督府は逆に、朝鮮の文化振興に力を入れ、京城帝国大学（現ソウル大学）を作るなど、武断統治から一転して文化的統治へと根本的な転換をはかったわけです。

ですから、日本統治が武断統治で一貫していたというのは、明らかな歴史の捏造で、日本統治の大部分は文化的統治だったというのが歴史的な真実です。しかしこれを言うと「過酷な弾圧支配」という観点が成り立たなくなりますから、教科書では全面的に武断統治だったとするわけです。

また、同じ理由から、歴史的なデータが客観的に示されずに、主観的に都合のよいものだけが、ほとんど根拠不明のまま掲載されます。

たとえば『入門韓国の歴史』では、三・一独立運動の被害者数については、ケンドールという外国人宣教師のメモにある「3万名を超す韓国人が殺されたり負傷させられたりした」という記述だけを引用で示しています。なぜ、根拠も不明な外国人のメモによって被害者数を示すのでしょうか。これだけでも科学的ではないですね。

一方、誰でも見ることのできる総督府の資料では「死者五五三人、負傷者一四〇九人」と記録されています。これはそもそもの事件の一方の当事者が、しかも法治国家の近代的な官僚システムの手続きを通して、公的にとったデータですから、外国人のメモよりよほど信頼性の高い歴史データとして扱われるべきですね。

私が習ったころの被害者数は、「無差別の銃撃によって韓国人七五〇九人が殺され、一万五九六一人が負傷させられた」というものでした。先の教科書ではこれよりも数千名多いとする材料を使っていますね。いかにフレームアップしたがっているかがよくわかります。

ところがこのデータも、何ら歴史的な根拠のあるものではないんです。これは、当時上海にいた反日運動家たちが、諸国の新聞記事や伝聞をもとに作った資料をまとめて、三・一独立運動の翌年に出した書物（朴殷植『血史』）で記された数字をそのまま引き写したものです。

●日帝は四〇%の土地を収奪したという捏造――呉

土地調査事業のことでいえば、韓国の中学・高校の国史の教科書では、当初から現在に至るまでずっと、「日帝は全国農地の約四〇%を収奪した」と書かれています。この「農地の四〇%収奪」は韓国人の常識となっていて、私も学校でそのように教えられましたし、これに疑いをさしはさむ者は誰もいません。私も長い間、「半分近くもの農地を奪うなんて、あまりにも酷すぎる」と、「日本統治者の過酷なばかりの圧政ぶり」に大きな怒りを感じていました。

ところが不思議なことに、この四〇%という数字の出所は教科書では何ら示されていないんです。ですから、お国の言うことを頭から信じるほかないわけです。ここが最も大きな問題ですね。

教科書はこう言っている、しかし民間の研究ではまったく違うことを言っているものがある。いまの韓国にだって、そういう現実はそれなりにあるわけです。でも、教科書の言うことを信じるという意識がある限り、いくらそれとは異なる研究があっても、それがきちんとした実証に基づく研究であっても、「四〇%収奪説」が崩れることはないんですね。

でも、これを実証的に崩すのは簡単なことなんです。

当時の朝鮮の全耕地面積は、朝鮮総督府の土地調査によれば約四五〇万町歩でした。このうち朝鮮総督府が接収した耕地は、官所有地と判定された一二万町歩、それに所有権の申告がなかったり、所有権者不明のために接収した二万七〇〇〇町歩。ですから、総督府が接収した耕地は全耕地面積の約三%ということになります。

それならば、韓国の教科書はいったい何に基づいて四〇%と言うのでしょうか。私は『「植民地朝鮮」の研究』(杉本幹夫著/展転社)を読んで、ようやくその謎が解けました。

そこにはこういうことが書いてあるんです。

――（韓国の教科書はおそらく）第一に、全耕地面積を四五〇万町歩とみなさず、総督府の土地調査以前に想定されていた二七〇万町歩程度とみなした。第二に、総督府による耕地接収に、耕地ではない未開墾地約九〇万町歩の接収までを含めた。こうして計算すれば、二七〇万町歩に対して接収面積は一〇〇万町歩を超え、四〇％に近い数字が出てくることになる――。

どちらが科学的・実証的なやり方かは、もうはっきりしてますよね。でも韓国としては、いくら実証的に正しくとも「朝鮮総督府が接収した農地は全耕作地の三％」では、あまりにも少なすぎて、とうてい採用できないわけです。採用すれば「収奪」という観点そのものが破綻《はたん》をきたしてしまうからです。そこで教科書では、おそらくは杉本さんが推測したやり方で四〇％としたんでしょう。

ですからこの数字は、「日帝は土地を奪うため」というイデオロギー的な観点との適合性を持たせるための数字で、何ら科学的な根拠を持っていないのです。それは教科書作成者にもよくわかっていて、だからこそ、出所や計算方法はまったく示さないで、四〇%という数字だけを上げているわけです。

●朝鮮半島全体が日本の統治に抵抗したという主張——井沢

日本の統治は実際にきわめてソフトなものだったと思います。日本の官憲が韓国人の独立運動家をとらえて拷問したことはなかったとは言わないけれど、それは李朝の拷問などに比べたら、はるかにましなものであって、しかも数自体もそんなに多いものではなかった。しかし韓国では、朝鮮半島全体、一般民衆すべてが日本の支配に抵抗していて、その中の英雄たちが次々に拷問死させられていったというようなことを言っているわけです。いわゆる「弾圧」があったとすれば、それは共産主義的な反日運動に対するもので、それは日本人についても同じことだったわけです。何も朝鮮人だけを特別に狙ったわけではありません。

●神社参拝や創氏改名を強制したというウソ——呉

三・一独立運動以後は、大多数の韓国人は大きな抵抗をすることもなく、整然と日本の統治を受け入れ、秩序によく従ったというのが事実です。

神社参拝を強制したといいますが、暴力的な制圧下で強制したなどというのは、事実と異なります。私がインタビューした日本統治下で小学校の先生をしていた方は、学校で神社参拝に子どもたちを連れて行くときに、自分はクリスチャンだから神社の中に入れないという朝鮮人の子どもが何人かいたと言います。その先生は「そうか、それなら入らなくてもいい」と言って、みんなが参拝する間、鳥居の前で待たせておいたそうです。

そういう先生は多かったようです。韓国人が文化を抹殺されたと言うときに、一番問題にするのが創氏改名ですね。これについても、日本統治時代の生活体験を持つ韓国人にいろいろ聞いて回りました。ある方は、自分はクラスではずっと李さんと呼ばれていた。親から名前は絶対に変えるべきではないと言われていたので、そのまま通していたそうです。そういう人に何人も会いましたが、それでひどい差別を受けたということを言う人はいませんでした。

ある小学校の卒業写真を見せてもらったこともあります。そこは主に日本人子弟が行く学校でしたが、朝鮮のエリートの子どもたちもたくさんその学校に通っていたんです。多くは創氏改名せずに韓国の名前をそのまま使っていたそうですが、写真を見ると彼らは朝鮮の服装をして、そのまま日本人の子どもたちと写真に収まっています。いまでも同窓会が行なわれていて、韓国の元生徒たちもたくさん参加しに、やってくるそうです。いじめはなかったのかと聞いてみましたが、周りはみんな韓国人だし、韓国人の団結は強かった、いじめたりしたら逆にやられてしまいますよ、と言っていました。

韓国人の先輩に、礼儀正しくしなくてはならないとお説教されたこともあるそうです。韓国人の先輩から、スケートや凧《たこ》揚げを教えてもらって一緒に遊んだとか、そういう話をたくさん聞きました。

いいことばかり言っているようですが、少なくとも一般の日本人と韓国人が基本的にいがみ合って生活をしていたということはありません。それよりも、仲よく暮らしていた人たちのほうが圧倒的に多かったことは確かだと思います。過酷な武断統治が行なわれていたのならば、そんな「よき関係」の現実は決して生まれなかったでしょう。

●古代に中国式に名前を変えたのが第一次創氏改名だ――井沢

山本七平さんも書いているけれど、洪思翊《こうしよく》という名前のままで陸軍中将になった人もいるように、朝鮮名のまま高級軍人になった方はいっぱいいらっしゃいます。それが真実なのに、朝鮮名の抹殺をはかったなどというのは、完全なる歴史の捏造です。

そもそも、創氏改名の法律は「しなくてはいけない」という法律ではなく「してもよい」という法律ですね。その上で八割もの人たちが創氏改名したことを、教科書は書かなくちゃいけない。同じ国の人間として生きている限り、日本式の姓を名乗ったほうが、いろいろ有利なことがあるでしょうから、多くの人たちが改名したんです。

韓国人の姓はだいたい漢字一字ですね。でも元々はそうではなかった。おそらくは、古代に新羅が唐に屈して属国路線を歩み出したときに、中国の風俗と同じにしようということで、姓を全部中国式のものに変えたんです。これが第一次創氏改名です。たとえば、高句麗人で乙支文徳《ウルチ・ムンドク》という名前の人が文献に記されていますね。そういうウルチなど元々の姓をすべて、中国にならって金とか李とかに改名したわけです。

本当に民族主義を唱えるなら、この第一次創氏改名を問題にしなくちゃいけないはずです。ところが、戦後韓国が民族主義的にやったことは、中国式の名前を廃止することではなく、中国式の文字を、つまり漢字を廃止し、ハングル専用への道を歩むことだったわけです。

●漢字廃止で新聞がまともに読めない韓国人――呉

漢字廃止は反日感情ともからんでいますが、最近では、漢字復活論者がようやく表に出てきて、漢字廃止の弊害を盛んに説くようになっています。最も大きな弊害は、日常的にあまり使われない漢語、しかし物事を考えるにはとても重要な語彙が、どんどん消えていったことです。概念語や抽象的な事物に関する語彙ですね。そのため、韓国人も北朝鮮人も、日常的な感覚から離れて高度な思考や議論を深めていくことが、まったく不得手な国民になってしまいました。

一九七〇年以前に出された専門書は、まだ漢字ハングル交じり文で書かれていましたが、現在ではそれらの書物が読めない、もちろん古典が読めない、新聞もハングルで概念語を使うのでまともに読めない、大学院生は指導教官が書いた六〇年代の論文が読めない、といった状態になっています。漢字復活論者たちは、このままでは朝鮮半島の文化的伝統は完全に断絶するだろうと言っています。

●造語能力の優れた漢字をなぜ捨てたのか――井沢

日本に漢字が入ってくることによって、抽象的な概念が扱いやすくなりました。だから明治維新以後、日本人は経済、哲学、化学といった漢字語をどんどん作って近代化に貢献したわけです。漢字は造語能力が高く、一つひとつの字に意味があります。たとえば日本は、ヨーロッパ語の「セル」の訳語として「細胞」という漢字語を作りました。そうすると、「細かな体の中の一部分なんだな」とすぐにわかります、月へん（にくづき）があれば体の一部分ですからね。

そういうことをやって、日本語や朝鮮語では表現しにくい抽象的な概念を漢字を利用して何とかカバーしてきたわけですが、それを朝鮮民族は捨ててしまったわけです。これはあまりにも極端なことだと思います。

それに、漢字廃止と反日感情はどこでつながるんですか。反中感情があったというならわかりますが、どういうわけなんでしょうか。

●漢字廃止の本当の原因が「反日」である理由――呉

漢字を廃止したためにどんな弊害がもたらされたかは、多くの人々が気づいていながら、一部の漢字復活論者を除いて、国内では声を大にして語られることがありません。それは、ハングル専用主義が戦後韓国の愛国主義・民族主義と深く結びついているためです。

朝鮮では、文書にはもっぱら漢文が用いられてきたわけですが、末期からは盛んに漢字ハングル交じり文が使われるようになりました。これは漢文至上主義の朝鮮としては、歴史上特筆されるべき、革命的な出来事でした。この漢字ハングル交じり文の一般普及は、実は福沢諭吉の発案によって、朝鮮政府の官報の役割を果たした朝鮮初の新聞『漢城旬報』（一八八三年十月三十一日創刊）で採用されたことにはじまるんです。

『漢城旬報』の創刊・編集・発行にあたったのは、当時朝鮮政府の外交顧問・統理衙門《がもん》博文局主事だった井上角五郎《いのうえかくごろう》です。福沢は井上あての手紙の中で、「漢文だけでは読者範囲が狭すぎるため、仮名（ハングル）を使うことで朝鮮の漢文を至上とする旧主義を一転させたい。日本でも古論を排したのは仮名交じりの通俗文の力というべきで、決して軽視してはいけない」という意味のことを述べています。

また井沢さんがおっしゃるように、日本は明治以降にたくさんの和製漢字語を作っていますね。いま言われたもののほか、科学、数学、株式、銀行、利息、資本、貿易、輸出、輸入、産業、民主主義、権利、市民など、日本は膨大な漢字語を独自に作り、中国も韓国も、それをほとんどそのまま採り入れてきました。中国も韓国も、和製漢字語なしには、近代社会の何事も表現できません。また、「沢庵」「弁当」「手形」など、日本文化に根ざす近代以前からの漢字語もたくさんあります。さらには「大売出」「割引」「知人」など、日本語固有の漢字語表現も無数にあります。いずれも韓国には、そっくりそのまま導入されました。

愛国主義・民族主義を鼓舞するためには、日本語の影響を受けた言葉の側面を何とか消し去りたかったんです。漢字ハングル交じり文を廃止してハングル専用にすれば、それら日本語の痕跡が見えなくなりますね。反日民族主義を根づかせるには、ハングル専用政策はなくてはならないものだったんです。

●なぜ相対的に物事を考えないのか――井沢

それだけの弊害が出ているのに、なぜ過ちだったと認めないんでしょうか。人間は神様じゃないから、過ちを犯すものです。それを正直に認めればいいのに、認めたくないんでしょうね。漢字廃止政策が誤りだったなら、方向転換すればいいじゃないですか。

日韓併合についても、いろいろなことがあって、日本にも悪いところがあり、韓国にも悪いところがあった。日本にもいいところがあり、韓国にもいいところがあった。そのように相対的に物事を考えればいいのであって、むしろそう考えないと、物事の客観的評価はできないと思います。

●歴史を善悪の問題で見るイデオロギー史観――呉

こと自分の問題については、そういう相対的な見方のできないところが、日本人と根本的に違うところです。韓国にも反省するという言葉はありますし、日常的なことで反省することは多いわけですが、イデオロギー的、理念的な問題となると、これは絶対的なものです。日本統治は相対的に見るべきものではなく、イデオロギー的、理念的な善悪の絶対的な問題なんです。このイデオロギー史観はそう簡単に変わるものではありません。

第四章　韓国を苦しめる小中華主義の呪縛

1　中華主義と学歴絶対社会

●日本を野蛮な夷《い》族だとする中華主義――井沢

韓国のイデオロギーは、結局のところ中華主義なんですね。

中華主義の考え方では、中華が世界の中心にあり、その中心から遠ざかれば遠ざかるほど、野蛮な者たちが跋扈《ばっこ》する夷《い》族の地だとなります。日本を野蛮な夷族だと言うのは、そういう中華主義の世界観があるからです。

枠組み論で言うと、日本は独立国だったけれど朝鮮は独立国家ではなかった。歴史上の真実として、統一新羅《しらぎ》の時代から中国に対する属国的な地位にあったことは否定できない。それは政治的なことだけではなく、文化的にもそうだったわけです。

●小中華主義にみる現実と理念の乖離《かいり》――呉

朝鮮王朝は中華帝国にならって政治理念を儒教（朱子学）に置き、儒学を修めた賢人たち（官僚群）が政治を執り行ない、科挙の制度を整備徹底し、宗族《そうぞく》（父系血縁集団）制度を強化し、儒教式の祖先祭祀や土葬を徹底させるなど、積極的な中国化・儒教国化をはかっていったわけです。

そんなふうにして中国に事大《じだい》し中国に範をとって国家を運営していった朝鮮は、やがて自分たちは中国と文化的同質性を持った「小中華」だという自負を持つようになっていきます。ところが、蔑視すべき夷族である満州族が明《みん》を滅ぼして中国に清《しん》王朝を開くに至って、朝鮮は大きな矛盾にぶつかることになるんです。つまり、現実には清に事大しながら、心の中では清を夷族として蔑視するという、きわめて屈折した意識を持つことになってしまったわけです。

それで朝鮮は、「中国が夷狄《いてき》化した以上、正統的な中華主義を奉ずるのは、もはやわが国しかない」として、自分たちが「大中華」なき世界で唯一の「中華」なのだという大きな誇りを持つようになりました。これが朝鮮特有の小中華主義思想です。

こうして朝鮮は、清国に事大する小国という現実の中で、精神的には自らこそが中華であるという自負を、より強固なものとしていきました。この現実と理念の乖離《かいり》は朝鮮を大きく特徴づけるもので、その弊害は現代に至るまで続いています。

●朱子学が韓国の国と文化をダメにした――井沢

朝鮮の代表的な儒学者に李退渓《イ・テゲ》がいます。江戸時代の学者たちが朱子学を日本に取り入れるときに、李退渓が朝鮮的にアレンジした朱子学を、大いに参考にしたといわれます。

私はこの人があまり好きではないんです。朝鮮がなぜあれほど観念的になってしまったかの一番の原因は、李退渓以降の朝鮮朱子学にあると思うからです。私がもし朝鮮民族だったら、自分の国と文化をダメにした人間として、第一にこの人を挙げるでしょうね。

日本にも朱子学が伝わりましたが、日本では朝鮮のように朱子学一辺倒になることはなく、古学や陽明学など、儒学の中でもいろいろな分野が展開されました。いわば百家争鳴、つまり各論・各説が並存し、学界全体が活況を呈する状態にあったといえます。

しかし日本でも、朱子学で学術を統一しようと考えた為政者もいました。江戸中期の政治家で老中松平定信《まつだいらさだのぶ》という人です。この人はバリバリの朱子学者で、政権を掌握したときにまず何をやったかというと、「寛政異学の禁」（一七九〇年）という触れを出して、朱子学以外の学問を禁止しました。しかも身分制度を徹底させようということで、農村から都会に働きに来ている人間はみな帰してしまいました。

しかしこの「寛政異学の禁」にしても、全国的な朱子学統一までを考えたものではなく、主として旗本《はたもと》を対象としたものでした。幕府の奨励する朱子学が、他学に押されてふるわないため、巻き返しにそういう政策をとったんです。

それでも、松平定信の時代は火が消えたようになってしまった。その前の時代は文化が非常に栄えていたにもかかわらずですね。日本史において朱子学が天下を取った時期は、この時代以外では、昭和前期の陸軍の人たちが非常に排外的な思想を持ったころが、ある程度それに当たると思います。

ですから、「寛政異学の禁」はきわめて例外的な事態だったんです。ところが、日本では例外であることが、朝鮮半島では常態であった。これは大変不幸なことだったと私は思います。

●世界に例を見ない硬直した官僚国家――呉

中国から朱子学を受け入れ、朱子学をもって国を治める完璧な儒教国家の建設を目指して、それまでの伝統文化・生活の徹底的な「作りかえ」を遂行したのが朝鮮王朝です。そのため、伝統的に全土で展開されてきた多様な文化・習俗の大部分が、支配的な朱子学に基づいた価値観の圧倒的な攻勢によって駆逐されてしまいました。

李退渓が発展させたといわれる朱子学の理気《りき》論は、簡単に言うと「理＝法」を「気＝物」に作用する超越的な実体とする理念主義ですね。それでこの「理＝法」というのは、結局のところ「天命にそなわっている道徳があり、道徳を修めるのが教育である」ということになるため、「天命を授かった聖人君子」つまり天子といわれる王が、国民に道徳・倫理を修めさせて訓育・感化していくのが政治だ、ということになるわけです。

こういう考えから、一番上に王がいて、その下に優秀な賢人たち、つまり儒学の教えを深く身につけた賢人たちを集め、その賢人たちが国家の高級官僚として国政を執り行なっていく、という儒教国家の統治システムが生まれることになります。

●孔子の儒教と、朱子学の違いとは？――井沢

政治家や官僚が一番偉いんですよね。儒教とはいいますが、孔子の『論語』にそんなことが書いてあるわけじゃない。それは朱子学です。専門的には、朱子学以降を新儒教、ネ

オーコンフューシャニズムといったりします。朱子学のところで、儒教が明らかに変質しているわけです。

朱子学以前の儒教は道徳論であって、国家についての話もしないわけではないのだけれど、自分たちの周りから広げていこうという感じです。自分の父親が国法に問われるようなことがあったら、あくまで父親のほうを優先しろという考え方です。

ところが朱子学になると、まず宇宙論が取り入れられ、さらにはナショナリズムも入ってくる。朱子の時代の中国は、南宋《なんそう》ですが、戦争が弱くて異民族にこてんぱんにやられた王朝でした。そのため、この王朝が逆に尊王攘夷ということを言い出したわけです。非常にファナティックな熱狂的な国粋主義と、具体的にものを考えない抽象論と、あるいは政治優越主義が儒教に加わった。それがどうも韓国人にぴったりはまってしまったみたいです。

●金正日《キム・ジョンイル》が「聖人君子」、労働党高級官僚は「賢人」――呉

朝鮮王朝時代に形づくられた政治第一主義は、日本統治時代を通して生き続け、戦後の韓国・北朝鮮にしっかり受け継がれていったんですね。とくに北朝鮮は徹底していまし

て、朱子学の社会主義国家版ともいうべき主体思想をつくります。先ほど言いました朱子学の「理＝法」が、北朝鮮では「必然的な歴史法則」となるわけです。金日成《キム・イルソン》・金正日《キム・ジョンイル》がその「必然的な歴史法則」をもって国を治める「聖人君子」であり、朝鮮労働党に所属する高級官僚たちが国政を執行する「賢人」なわけですね。

韓国の場合は民主国家の体裁をとっていますが、大統領の権限・権威には絶大なものがあります。政治は大統領の命の下、徹底した高級官僚主導で行なわれます。韓国でも北朝鮮でも、政治は儒教国家そのままに「愚かな民を教え諭すこと」と考えられていますから、国政の長たる者の統率力は、その徳の高さに求められます。

●「賢人」が作る教科書を疑うわけがない——井沢

教科書に書かれていることに疑いを持たないのも、それが「聖人君子」や「賢人」たちの教えだからなんですね。日本人の場合は、「あの教科書はおかしいのではないか」と疑う人が多いわけでしょう。いろいろなことを言っている人がいるけれど、ひょっとしたら間違っていることもあるかもしれないと、いつも頭の中にある。

韓国の教科書は国定教科書ですから、教科書は誰が作っているのかとなると、一番偉い人たちが作っている。一番上の官僚たちは膨大な知識を持った賢人だから、彼らが作ったものに間違いはないという前提がまずあるわけです。

●「いい大学に入れば正しい人間になれる」という発想――呉

韓国では教育信仰が根強くあるんです。教師であればそれだけで、社会的にトップクラスの尊敬に値する人物とされます。教育によってしか正しい人間はつくれない、教育によってはじめて人は正しい道を知ることができるという考え方があるからです。

教育のない者はもちろん、教育程度の低い者は、それだけで人間的な正しさがよくわかっていない者となってしまいます。ですから、韓国の大学進学率は世界一です。いわゆる「いい大学」に入れば就職に有利という実利もありますが、「いい大学」に入ったということは、そのまま人間としてより正しい人間になれることを意味する、と考えられています。もちろん幻想ですが、そうみなす、そう価値づけるという社会が実際にあるわけです。

韓国のソウル大学の権威たるや、日本の東京大学の権威とは比べものにならないほど高いんです。唯一の超エリート校であって、高麗大学がその次だとかいっても、雲泥の差だという感覚があります。

何が雲泥の差かといいますと、ソウル大学出身者は、単に頭がいいというのではなく、他の大学出身者よりも、人間的に正しく立派な人たちとして、トップにランクづけされるということです。もし韓国人が何人かいて話をしていた場合、そのうちの一人がソウル大学出身者だとわかると、一同みな反射的にその人へ尊敬のまなざしを向けます。

●日本人が儒教にいいイメージを持っている理由――井沢

日本人には、韓国は儒教の国で、親に対して孝行を尽くすとか、お年寄りを大事にするとか、そういったイメージで考える人が多いですね。韓国人は電車に乗ってご老人がいたらすぐに席を譲るのに、日本人は知らん顔をしている者が少なくないとか。

日本人が、儒教についてけっこういいイメージを持つのは、儒教は礼を重んじている、礼儀正しいのはとてもいいことだと考えるからです。

でも、韓国社会で守るべきとされている礼は、何も長幼の序だけではないですね。男女の序があり、生業の序があり、家の出身の序があり、出身校の序がありと、あらゆる面での序が尊重されるのが韓国の社会です。

●上下関係がはっきりしないと落ち着かない韓国人――呉

日本に来て間もないころ、「なぜそんなに序列を大事にするんですか」と聞かれて、返答に困ったことを覚えています。何事についても何が上で何が下かがはっきりしていないと、自分としても落ち着かないし、秩序がしっかり定まらない、そういう感覚が韓国人のものなんですね。

日常的なことでは、どっちが上か下かということは自然に決まっていくんです。たとえば初対面の人と会ったときに、まずはどこの大学を出たかが問題となります。ですから、どちらの大学を出られましたかとお互いに聞いて、どちらがより受験の難しい大学かによって、そこで自然に自分が上だ、あなたが上だという上下関係の秩序を承認し合うことになり、お互いに気持ちが落ち着くんです。

相手が上で悔しいというのは、ないこともないんですが、受け入れる気持ちのほうが強いです。これはもう社会的な通念ですから、相手が自分より学歴が高ければ、一定の尊敬を示すのが韓国では社会的な常識人のすることです。

最近はそれが、会社だったりお金だったりしますが、それでも学歴が上の人にはかないません。

スポーツ選手にしても、芸能人にしても、大学を出ているかどうかは大きな問題となります。あの人はいい大学を出ていて、しかも野球ができる。あの人はいい大学を出ていて、しかも芸能人として立派にやっている。そういう人が尊敬されます。そういう仕事で学歴がない人は、とても惨《みじ》めな思いをすることになります。

●学歴偏重は「科挙」制度の名残り――井沢

逆に言うと、「いい大学」を出ていない人を軽蔑するわけですね。

まさしくこれは科挙の制度の名残りですね。科挙というのは高級官僚資格試験ですが、科挙に受かった者は単に優秀なだけでなく、儒教がよくわかっているわけだから、人間としても優れているという発想なんです。

どちらが上でどちらが下かがはっきりしないと、居心地が悪い、秩序が定まらないとなると、お互いに上になろうという争いが起きてしまい、余計に秩序が定まらなくなるんじゃないかと思ったんですが、まったくそうではないんですね。とにかく、自分が上なのか下なのか、はっきりしさえすればいい。

前に呉さんご自身から伺《うかが》った話ですが、呉さんがどこかで講演をしていたときに、韓国人留学生が立ち上がって聴衆に向かい、自分は彼女よりももっといい大学を出ている、そんな人の話をなぜ信じるのか、という意味のことを言ったそうですね。

●「女が高尚な話をすることが信じられない」——呉

そういうことがありました。そのときの講演の反応はとてもよくて、たくさんの拍手をいただいて会場が盛り上がっていたんです。ただ一人だけ前のほうで、険《けわ》しい顔をしながら私をにらみつけるような視線を終始送り続ける人がいて、やりづらいなと思っていました。それで質疑応答のときに、その人が一番に手を挙げマイクを持って、自分は韓国人だと名乗った上で、そういう話をはじめたんです。

その人は開口一番「皆さん、私は東京大学の博士課程でいま勉強しています。しかし呉さんは東京外国語大学の修士課程でしょう。そんな人の話を信じられますか」と言ったんです。それで、「なぜそんな人の話を聞いて盛り上がっているんですか、私には理解できません」と言ってこんな話をしたんです。

「私はソウルの出身で親は学校の校長をしていたし母も教師をしていました。私はそういう教育者の家庭で育ちましたが、呉さんは済州島の出身で、新宿の歌舞伎町でホステスたちを相手にする仕事をしていました。そんな女の人なんですよ。そんな人が、なぜ日本と韓国の国際関係論という大事なことを論じることができるんですか。また聞くほうも、なぜそれを信じて盛り上がっているんですか」

そのとき、私ははじめて日本人が怒りをぶつける様子というものを目にしました。会場のあちこちから、「失礼なことを言うな!」「そんな話はやめなさい!」「出ていけ!」という声が、その人に浴びせられたんです。するとその人は「失礼なのはあなた方でしょう」と怪訝《けげん》な顔をするんです。それで司会者が、とにかく日本ではそういう言い方はしないということを説明して、誰もが呉さんの言っていることをそのまま信じているわけではない、一人の意見として聞いているのだということを言って、その場はおさまったんです。

その人にとって、私の韓国批判が気に入らなかったことはそうなんですが、かといって悪意からそう言っているんじゃないんです。逆に善意から、この場がいかにおかしな場かということをみんなに教えてあげよう、ということで発言したんです。それでまず、そんな程度の低い、出身地も田舎で、しかも女が、日韓関係という高尚な話をすること自体が信じられないし、それを聞いて盛り上がるなんてさらに信じられない、これこれのエリートである自分の目からすれば、これはとうていおかしなことですよと、率直に「教えてあげた」わけです。

2 技術者蔑視と現世利益主義

●小説や芝居をバカにする儒学――井沢

「日本も韓国も似ているところがある、それは東大偏重とソウル大偏重だ」という俗説は、本質的に違うということがよくわかりました。日本人としては、まさか東大出身者ならみんな人格が優れていて、○○大学出身者は人格が劣っているなどという考え方がこの世の中にあろうとは、夢想だにしません。

日本人なら、この人は受験勉強がよくできたんだろう、そういうスキルが優れていたんだろうとね。学問の分野でも、ものづくりの分野でも、その能力を認めますが、人間としては対等だと考えます。

そうなると、芸能人とか物作りをする人たちが言うことなんて、もう話にならないということになってしまいますね。

儒学は天下国家を論ずる国政の学という観点から、小説や芝居を価値の低いものとバカにします。いまで言えば映画俳優などは身分の賤《いや》しい人間になってしまいます。芝居や文学や絵画などの芸術はことごとく、政治に比べたら価値の低いものである。だから小説などは「取るに足らない説」だとすら言われました。

●士農工商という序列――呉

最も尊い学術が儒学であり、この儒学の教えを生かす下位の技術学問が理学や医学や経済学などになります。美術、芸能、文学などはさらに低い技術です。そうした考えに基づいて「士農工商」という生業の価値が順序づけられます。

士というのは士太夫《したいふ》(科挙によって国家高級官僚の資格を得た者)ですから最上位に、農は国家の富を生み出す本ですから次位に、工は頭を使わない賤しい手仕事として、商は利ざやや仲介マージンを取る賤しい品性の仕事として、それぞれ下位に位置づけられるわけです。芸能人や宗教者は価値から除外されているように、身分としても最底辺に位置づけられていました。

●老舗《しにせ》がない、名工の名が伝わらない――井沢

それが、韓国には老舗《しにせ》がないということにつながってくるわけですね。小さな商店を代々引き継いでより立派なものにしていき、やがて老舗といわれる商業文化が生まれます。

しかし朝鮮では、小さな商店などという賤しい仕事は、できることなら子どもにはやらせたくないと考える、子どももできることなら親の仕事を継ぎたくないと考える。酒づくりでも、日本の酒蔵には何百年も続く店がありますね。酒づくりの技術者は杜氏《とうじ》といって、とても尊敬されます。

ところが韓国では違います。そのことが、名工の名が伝えられないことにもつながっていますね。ものづくりの人たちが、作品に自分の名前、何々作というのを残してしまうと、先祖はそんな賤しいことをやっていたのかと子孫が卑下される、だから名前は残さないと、そうなるんです。

●朝鮮では自分の仕事を誇ることができなかった――呉

酒づくり一つがどうして何百年も続くのか、韓国人には大きな驚きです。京都などに

は、何百年も続くお菓子屋さんもありますが、韓国では絶対にあり得ないことです。

陶工、刀工、画家などの職人さんも、韓国ではみな名を残しませんでした。私が日本で驚いたのは、江戸時代や戦国時代に刀を作った人たちが、名が残っているだけでなく、ものすごく尊敬されていることです。刀に作者の名前、銘があるかないかで価値が全然違ってくるというんですね。

私も見てきましたが、備前長船《びぜんおさふね》の名刀などは大変なものです。日本人はそういう職人さんたちをとても尊敬して大事にしています。韓国では先祖が職人だったなんて恥ずかしくて仕方がありません。ですから、先祖を誇ろうとする人は、先祖を高級官僚とする偽系図を買うんです。

では、農民は高級官僚の次だから尊重されていたかというと、まったく逆でした。農耕生産あっての国家ですから、農を本とする「農本主義」があるんですが、農の主体は施策を行なう高級官僚にあり、農民はその命令に従って動いているだけの賤しい存在ということで、尊敬の対象ではありませんでした。

朝鮮では自分の仕事を誇ることができないんです。プライドが持てなくなるような国づくりを徹底的にやってきましたから。

●技術蔑視の伝統の影響——井沢

技術蔑視の伝統は、現在の韓国の経済社会にも大きな影響を与えているんでしょうか。いまでは技術大学や技術学校を作って資金を投入し、人材育成に励んでいるわけですし、サムスン電子や現代自動車はいまや世界の一流企業の仲間入りを果たしていますが。

もう一つ、日本では大学の研究室ではなく、私企業である島津製作所でこつこつと研究を続けてきた田中耕一《たなかこういち》氏がノーベル賞を取りましたね。ああいうことがこれからの韓国に起こり得るのかどうか。また黄禹錫《ファン・ウソク》というソウル大学医学部の教授が、ES細胞の研究でいまにもノーベル賞を取るかということで、国民の英雄だとばかりに騒がれましたね。実は研究成果が捏造だったということが発覚したわけですが、医学者なら尊敬されるんですか。

●新技術の開発が決定的に遅れている理由——呉

島津製作所の田中耕一氏のような人は、韓国ではまず出てきませんね。そもそもコツコツやるということを、韓国人は苦手としていて、やりたがらないんです。惨めでカッコ悪いと感じるからです。黄禹錫氏のような研究は、最初から世界の最先端を狙ったものですから、こういうことをやりたがる韓国人はたくさんいます。

でも、あのような最先端の研究にしても、日々、実験、実験の積み重ねで、職人さんと同じように地道な作業をこつこつ積み重ねていかなくてはならない。それが我慢できないから、ああいうデッチ上げ論文なんかを書くことになってしまうんです。

韓国人の考え方としては、儒学を修めた高級官僚に相当するのがゼネラリストで、その下の技術者、学者に相当するのがスペシャリストなんです。ゼネラリストは戦略的な次元の大きなことを考える、スペシャリストはゼネラリストの命令に従って、自分の専門領域のこまごまとした技術的な知恵を行使する、そう考えられているわけです。ですから、誰もがゼネラリストになりたがる。

いまでもよく覚えていますが、日本に来たばかりのころ、八〇年代半ばですが、通訳のアルバイトで、取引先の日本人ビジネスマンと、大手メーカーの技術部長に面会したことがあるんです。そのときに名刺を交換したんですが、私は相手の肩書の「技術部長」というのを見て、がっかりした気持ちになったんですね。

ところが一緒に行った日本人ビジネスマンは、「いやーすごい、わざわざ技術部長が会ってくれた」と喜んでいるんです。あのときの気持ちのギャップはいまでも鮮明に覚えています。

人事部とか総務部とかであれば、これはゼネラリストですからいいんですが、技術部となるとどうしてもその下の格だというイメージになるんです。ですから、韓国人は自己紹介するときには、自分が技術者であればまず「エンジニアです」と言います。技術という漢字語のイメージが悪いからです。

●儒教では、この世で偉くならないと安らぎが得られない――井沢

とにかく韓国では、メジャーなところへ行けないとなると、いつも惨めな気持ちを抱えているしかないんですね。そういう意味での現世利益が望めないとなると、心の平安というものが生まれないんでしょうか。

精神的な安らぎというと宗教が果たす役割が大きいと思いますが、儒教というのはどうもこの世で偉くならないと安らぎが得られないような教えですよね。儒教とほかの宗教との決定的な違いは、儒教では悪人は死んでも悪人ということです。たとえば仏教でもキリスト教でも、極悪人でも神様によって許しを受けて、来世は救われる、といったような考え方があるじゃないですか。

韓国とか中国とか、儒教を信じているところはきついなと思うのは、悪人として死んでしまったら永遠に名誉は回復されないし、救いもないからです。その救いということについては、韓国のキリスト教徒はどのように考えているんですか。救いがあるから飛びつくのか、それともそんなものはどうでもいいのか。

●韓国キリスト教の現世利益主義――呉

もちろん韓国のキリスト教でも、死んでからの救いということを言います。ただ、神の国、天国に入るということは、韓国人にはあまりピンとこないんですね。死んでから天国に入れる、救われるということには、それほど魅力を感じていません。それよりも、いま救われたいという現世利益主義が強いといえます。儒教もまさしく現世利益を重視しますが、韓国のキリスト教でもだいたい、そうしたアレンジがほどこされています。ですから、死んでから天国に行くということを強調するよりも、いま生きている間に、いかに幸せな暮らしができるかということに、より力を入れて布教した結果、今日のように、広く普及したというわけです。

●韓国のキリスト教は、キリスト教的儒教――井沢

それは儒教的キリスト教というよりは、キリスト教的な儒教ですね。どうも儒教が主体ですね。韓国では人口の半分近くがキリスト教徒といいますから、「A級戦犯」の問題でも、悪人といっても死後の罪まで問うのはやめようという機運が盛り上がってきてもおかしくはない。しかしそうは全然ならない。キリスト教の衣を借りた儒教だからなんでしょうね。

先祖は生きているから、いつまでもいるのだから、別に救いなどは考えなくてもいいのでしょうか。だけど、悪人だったら悪人のままというのは怖いですよね。

●金日成が「お父様」と呼ばれた理由――呉

先祖・父母に対する孝というのが儒教の一番の教えですが、通常は親孝行などは家族の倫理であって、国家の倫理（法）とは別のものですね。ところが儒教では、これは一つのものになるんです。家の中ではお父さんを尊敬し、国の中では王様を尊敬し、天地では天帝を尊敬し、というようにみんな入れ子になっている。つまり倫理・道徳というものは、個人、家族、国家、天地を一貫する普遍的なものとされるわけです。

私が家のお父様を敬うことは、王様を敬うことにつながる、親孝行が国への忠誠につながる、というようになっていくのです。朝鮮王朝では国王を国民は「お父様」と呼んできました。北朝鮮でも金日成が「お父様」と呼ばれてきましたし、韓国でも大統領を「国父」と呼び、その奥さんを「国母」と呼んできました。全斗煥《チョン・ドゥファン》大統領の時代あたりまでそう呼ばれてきました。自分のお父さんを敬う気持ちと直結しているわけです。

天地をつかさどるのが天帝です。この古代中国以来の天命思想によると、国王は天帝の息子（天子）の資格で地上の支配を任された者となります。天帝と天子の関係は一族の父（先祖）と息子の関係に対応し、天子が天帝を祀ることと息子が父（先祖）を祀ることが対応しています。これが中国・朝鮮に共通な、家族の道徳と国家の法をひとつながりのものとする国家統治思想です。

韓国語では天のことをハヌルといいますが、朝鮮半島では中国の天帝にあたる天上の最高神をハヌニム（天様）と呼んできました。これは日本の神々のような人格神ではなく、唯一絶対の抽象的な存在としての「天なる父」です。このハヌニム信仰があるため、韓国ではキリスト教が受け入れやすかったんだと思います。

●日韓の相互理解を阻む最大の要因――井沢

物の考え方とか、価値観とか、美意識とか、習慣行為とか、そういうことでも日韓では大きく異なりますね。論理的な筋道とは違う国民性の面では、なかなか理解が難しいと思います。

日韓の相互理解では、呉さんがいつもおっしゃっているように、そこらへんはかなり重要なところですね。皮膚感覚でも大きな違いがありそうです。こういうことは、現実の日韓関係にどのようにかかわってくるとお考えですか。

●日韓の宗教観の違いが歴史認識の違いにつながる――呉

最終的にはそのことが一番大きな問題となってくるように思います。もちろん、これは異文化の問題ですから、韓国に限った問題ではありませんね。でも、日本と韓国は、文化的にも社会的にも、他の諸国よりも似ているところがずっと多くて、それが逆にとんでもない誤解を生み出すことにもなっているんです。似ているけれども、正反対なところがかなりあって、極端な場合、善悪が正反対になってしまうという、とてつもない違いすらあるんです。

たとえば、似ていることで言うと、日本も韓国も、伝統的には儒教、道教、仏教の影響を受けていて、シャーマニズムというか精霊信仰的な信仰習俗も残っていますね。確かに、そこに由来する似たところは多々あるわけです。でも一方には、日本はアジアではクリスチャン人口比率が最も低くて、ほぼ一％にすぎないのに対して、韓国はだいたい四〇％ほどにもなるという極端な違いがあります。

どうやら、日本の宗教的な土壌は多神教的なもので、韓国には、かなりキリスト教的な唯一神を信じやすい土壌があるのではないかと思います。それが先ほど述べた天帝信仰の韓国版、ハヌニム信仰ですが、プロテスタントではハヌニムをハナニムとも呼ぶんです。「ハナ」とは「一つ」のことですから、ハナニムとは「唯一様」ということなんですね。

韓国人には、日本人の多神教的というか、自然信仰的な考え方は本当にわかりづらいものです。木一本、岩一つにも神霊が宿っているといいます。もちろん、文字通りに精霊の存在を信じているわけではないと思いますが、日本人はスッと木や岩を拝んだりするんですね。あるいは、そうした神霊を祀っているとされる神社で、いろいろな祈願をするんです。この気持ちがなかなかわかりづらい。

で、儒教も尊重するし、仏教も尊重するし、キリスト教も尊重するんです。神社の神官や仏教のお坊さんでもそうなんです。仏教の教えのほうがキリスト教の教えよりも正しいとか、その逆だとか、はっきり分けることをしないんですね。他の宗教も尊重するとは、西洋のキリスト教徒も言いますけれど、それは過渡的に共存するのもやむを得ないという考えからで、宗教性そのものとなると、絶対的にキリスト教が正しいと信じている。そもそも、宗教とはそういうものですね。

ところが日本人は、どうもそうではない人が多数なようなんです。唯一絶対に正しい宗教なんてないと考えているんじゃないですか。ただ、自分個人としてはこの宗教がいいと思っている、ある人は他の宗教を信じている、それでいいじゃないかという人が圧倒的多数なように思います。

私は日本の神社信仰的なものを、勝手にソフトアニミズムと名づけていて、木一本にも手を合わせたり、岩にも手を合わせたり、そういう自然に対する尊崇の念を表わす敬虔《けいけん》な態度が、人間精神にどれだけ安らぎを与えるかが、いまでは自分なりに理解できているように思います。

日本人の多神教的な気持ちは、唯一絶対的な真理というものを立てません。ですから、歴史認識についても、唯一絶対的に正しい歴史認識があるなんて言いません。自分たちはこう考えるというだけです。韓国はそうではなく、唯一絶対的に正しい歴史認識があるという考えですね。欧米では、科学的な理解は科学的な理解として、宗教的な唯一絶対的な存在への信仰とは区別して思考を行使しますが、韓国では一緒くたなんです。

3　日本をコピーしつつ、日本を蔑視する韓国

●最悪の日韓関係の中での韓流ブーム――井沢

私は日韓関係は最悪の状態にあると思っていますが、何やら韓流ブームだとかいうことで、日韓はこれまでで一番仲よくなっているじゃないかと感じている人もいるらしいんですね。しかし韓流ブームというのは、これまで日本のマンガやアニメで育ってきた韓国の世代が、日本の真似をして作品を作り出し、それが日本に逆輸入されて受けているだけのことじゃないかと思います。

●韓流ブームはブーメラン効果である――呉

『冬のソナタ』の成功にはじまる韓流ブームというのは、韓国消費文明の感覚が日本消費文明の感覚とようやく接点を持てる程度に高度化し、そのレベルでの「感覚商品」を韓国

が作り得る力を持ったために起きたことですね。ようするにこれは、科学技術分野での家電製品などと同じことで、いわゆる韓国から日本への「ブーメラン効果」が大衆文化の分野でも起きはじめたということです。

それが韓国では、いまや韓国の文化が日本に対して圧倒的な影響力を持つに至ったという言い方になっています。そこから次には、韓国オリジナル文化が日本文化を圧倒したんだとなり、さらにはあらゆる日本文化は実は韓国起源なんだというところにまで、エスカレートしているんです。

それでいままでは、日本の生け花もお茶も全部韓国から行ったんだ、武士道も韓国から行ったんだと言う人たちが出るようにもなっています。

●儒教社会に武士道が生まれるわけがない――井沢

戦後は、日本の文化がかなり韓国へ流れていったはずですね。でもそれ以前は逆に、みんな韓国から日本へ流れていったんだと言うんでしょうか。そんなことはないですね。たとえば武士ということで言えば、日本は文武ということでは武の優越社会ですが、韓国は明らかに文が優越する儒教社会で、むしろ武士といったらバカにするような、少なくとも官僚よりは一段低く考えるような文化だったわけです。ですから、武士の優れた道徳文化が韓国発信であるわけがないと思うんです。

『チャングムの誓い』という韓国のテレビドラマが日本でも放映されています。あれは日本の『美味しんぼ』を代表するグルメブームや、料理人を尊ぶ文化が韓国でもある程度根づいた結果としての逆輸入だと思います。そもそも女性が主人公で、しかも料理がテーマというドラマは、昔の韓国だったらあり得ないですよね。料理人は韓国では賤しい職業ですから。

●日本から徹底的に学んだサムスン財閥の創始者――呉

最近では、商人道をテーマにしたドラマもあって、これも料理をテーマにした『チャングムの誓い』と同じように大きな人気を博しました。こういう傾向はきわめて最近のことでして、明らかに日本の影響を受けたものです。

商人道や料理人道なんていう発想は韓国にはまったくなかったものです。いずれも賤しい仕事とされていましたから、自分の子どもにそれを継がせたいと思う親はいませんでした。いまなおそうした考えは強いんですが、一九九七年の経済危機以来、いくらかの社会的な変化が起きています。

一つには、韓国経済の自己破綻によって日本経済に学ぼうとする機運が高まっていったことです。もう一つは、これまで無視されてきた職業に目を向けていくようになったことです。

それまでのテレビドラマでは、政治的な英雄に類する人を主人公とするドラマが多かったんですが、現代財閥の創立者の一代記のようなドラマも作られました。このドラマでは、サムスン財閥の創立者も登場しますが、彼については日本の商業や企業活動にとても感心し、日本から多くのものを得たので成功した、というように描かれています。

サムスン財閥の創立者は、戦前から日本各地を回っていましたが、いつも驚いていたのが日本の老舗だったそうです。このドラマには、自分が戦前、日本の早稲田大学に通っていたころよく行った床屋さんが、戦後に日本に来てみたらそのままあった、つくりもそのままだったといったエピソードも描かれています。

その床屋さんの息子たちは、東京のいい大学を出て家の稼業を継ぐために戻ってきた。何ということだろう、韓国ならばこんなことはあり得ない、いい大学を出てこんな小さな床屋さんの後を継いで仕事をやっていくなんて、しかもお父さんは大変喜んでいるし、子どもたちも床屋さんを継ぐことに誇りを感じている……。サムスン財閥の創立者は大変に感激するんです。日本はこんな社会なんだということにすごく驚くような場面が、このドラマではたくさん流されました。

●日本に学びながら、なぜ親近感を持たないのか——井沢

サムスンの会長ですら日本の影響を受けたんだとなると、そのことが日本に対する親近感とか尊敬とかにつながらないのかなあ。そこがわからないんですよ(笑)。

そういうことがあるのなら、その国の国民に親近感を持って、それで友だちになろうとか、もっと仲よくしようとか、そういうことになっていくはずじゃないですか。学ぶべき点はあると明らかにわかっているわけですね。学ぶべき点とは、自分よりすぐれているということです。

そうなると、それが尊敬まではいかなくても、少なくとも親近感ぐらいにはなるはずでしょう。それがなぜ、あんなに激しい反日感情になるんですか。

●日本製品のコピーに明け暮れてきた韓国——呉

日本に対するそういう評価は、ずっと以前からあるんです。私が韓国にいたころからそうですが、ものづくりとか、日本人の性格、思いやりとか、これに対してはみんな評価しています。そしてたびたび日本に学ぼうという番組なども作られます。しかしそれと反日感情というのは別なんです。

戦後の経済社会のあり方では、日本が韓国にとっては一番受け入れやすかったし、実際にことごとく受け入れてきているわけです。日本なしでは韓国のいまがないことも、韓国人にはよくわかっているんです。

私が韓国にいたころも、日本の製品、メイド・イン・ジャパンであれば何でもいい物だといわれていました。たとえば針一本にしても、やはり日本製品がいいといわれましたし、鋏《はさみ》でもホックでも日本製品はいい。洋服のファスナーも日本製品なら間違いないということがずっといわれていました。

そういうことから、韓国ではたくさんの日本製品のまがい物やコピーが作られてきました。ずっと日本製のコピー、コピーでやってきたのでそれが習い性となり、いまでは誰もがそれを日本製品のコピーとは思わず、昔からの韓国のオリジナル商品だと思うようになっている製品がたくさんあるんです。

これも朝鮮王朝以来の伝統だと思います。かつては中国の文化を忠実に模倣していましたが、いまでは模倣の対象が日本の文化になっているということです。

●ニシキゴイも百済から日本に渡った？——井沢

先進国の製品を真似て作るのは、初期にはある程度仕方がないことですが、それが延々と続いて、OECD加盟国になって先進国の仲間入りを果たしても、なおやっているというのには、何か根本的な問題があるはずです。それはやはり、技術を蔑視してきたため、独自の技術で独自の製品を作るとか、技術の工夫をこらしていくとか、そういうことがまったく根づいていないからだと思います。

ニシキゴイも百済から渡ったものだとか言ってるようですね。いったい、どこからそんな説が出てくるんでしょうか。陶器についてはそう言える部分がたしかにありますが、それでもきちんと両者を比較分析して、その上でこれは輸出だけれど、これは輸入かもしれないと言わなくてはいけません。少しでも似たようなものが韓国にあれば、何でもかんでも韓国が先だと言うのはおかしなことです。

現代のサブカルチャーにしてもそうでしょう。日本のサブカルチャーは下品だとか言っていながら、全部それを取り入れて韓国オリジナルだと主張する。

●あまりにひどい日本製パクリ商品の氾濫――呉

戦後の韓国では、車やバイク、テレビからスーパーマーケットで売られるお菓子に至るまで、アニメキャラクターからテレビ番組まで、商品といえば何から何まで、特許問題などはどこ吹く風で、日本のもの真似どころかそっくりそのままを、延々と作ってきました。その結果、韓国人は、全部が韓国オリジナルだと思い込むまでになっているんです。

写真のフィルムでも、誰もが富士フイルムと間違えるパッケージで韓国製のフィルムを売っています。大塚製薬の「ファイブミニ」そっくりの何とかミニというドリンクを売っています。「セブンスター」そっくりの何とかスターという煙草もあります。

東京名物の「ひよ子」というお菓子がありますね。韓国では以前からそっくり同じものを売っています（263ページ参照）。また日本の「無印良品」に対しては「無名商品」という具合です。

そういう一連のいわゆる日本パクリ商品を、多くの韓国人が日本のものだとは思わず、日本が韓国の真似をしているると思っているわけです。マンガ、アニメ、テレビ番組、歌、ボーカルグループと、日本に来てみると、なぜ韓国のものがあるのかとみんな不思議に感じるわけです。もちろん韓国がことごとく真似しているんです。

●日本製の密輸入だという指摘を避ける朝日新聞記事――井沢

朝日新聞社のソウル特派員、三四歳だそうですが、彼が同年代の韓国人男性と食事をしていて幼いころのテレビ番組の話になり、「やっぱり『マジンガーZ』が最高だったな」となって、「どんな主題歌だった？」と二人で口ずさむと、まったく同じメロディーだったので二人して笑い転げたというんですね。それで、「日韓のアニメ体験共有は悪くはない。だけどこれが韓国の『まねっこ体質』を象徴しているのならいただけない」と書いています（神谷毅「すいへいせん／ちへいせん」『朝日新聞』二〇〇六年六月二十五日）。

これは、「『まねっこ体質』を象徴しているのなら……」なんてものじゃなくて、明らかに日本製だということを隠した陰険で悪質な文化の密輸入でしょう。それをわかっていながらはっきり指摘しないのは、ジャーナリストとしては読者に対してきわめて不正直だと

韓国のパクリ文化

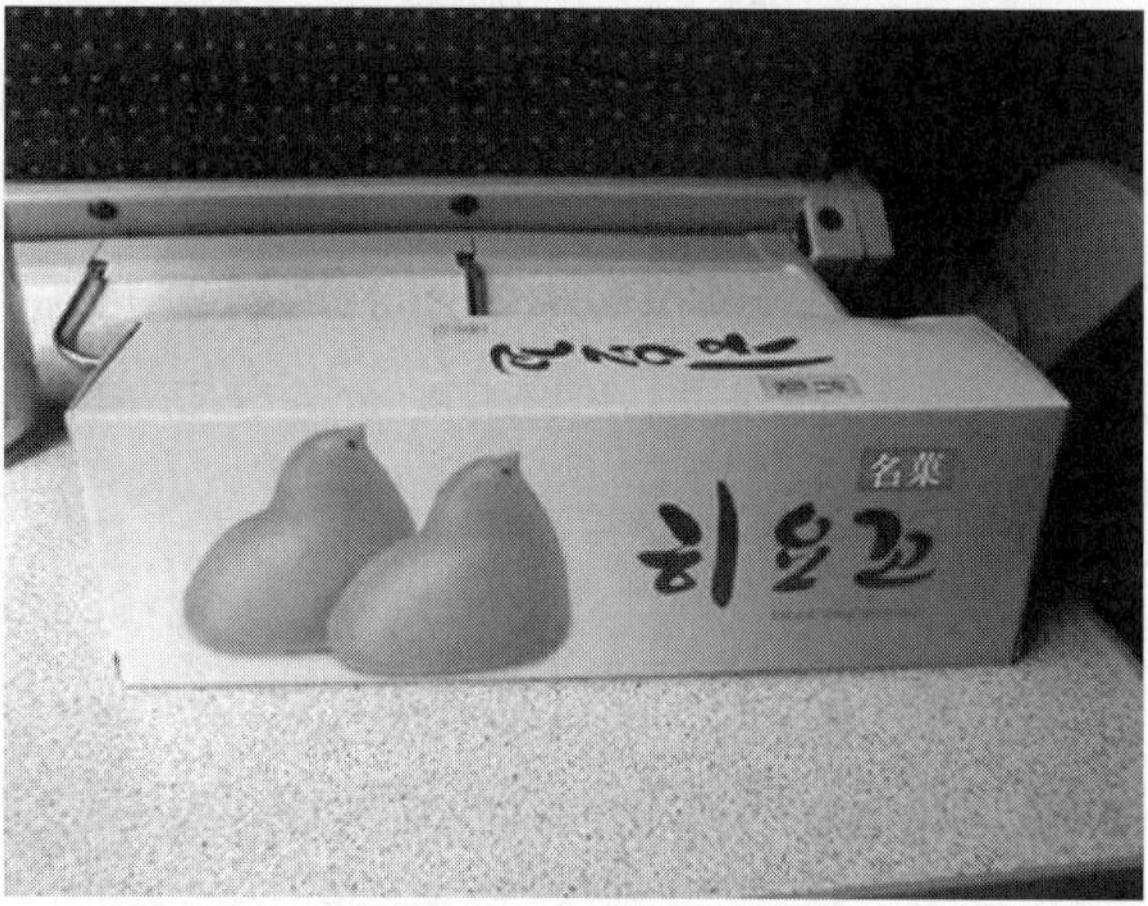

日本の製品を、そっくりそのままコピーした韓国のお菓子。韓国人の多くは、韓国製こそがオリジナルだと思い込んでいる。

言うしかありません。本来は、厳しく批判すべきことです。

そのほか、『キャンディ・キャンディ』もあれば『魔法使いサリー』もある、『未来少年コナン』の放送時間には街角から子どもの姿が消えたほどだ、『フランダースの犬』をすっかり欧州アニメだと思っている韓国人もいる、テレビ番組にも日本と似たのがある、カルビーの「かっぱえびせん」そっくりのお菓子がある、森永製菓の「ハイチュウ」そっくりなのが「マイチュウ」の名で売られている……などの紹介をしています。これらもみんな、和製を隠した密輸入以外の何ものでもないのに、単に「まねっこ」ということですませています。

この人のせいぜいの主張は、韓国の商品権訴訟でハイチュウはマイチュウに敗れたけれど、その一方で韓国製の海賊版について厳しい対策をとるのはいかがなものかという、やんわりとした苦言なんです。あちらの一方的な知的所有権侵害というゆゆしき問題なのに、そらぞらしくも「知的財産の問題は日韓でみっちり話し合った方がいい」と、なんだかこちらにも問題があるみたいな書き方をするんですね。とんでもないとはこのことです。

●劇画・アニメは韓国起源と信じられている――呉

私もその記事を読みましたが、韓国に対してことさらにそういう書き方をするのは、韓国を一人前扱いしていないからだと思います。韓国を子ども扱いしてバカにしているからでしょう。まあ、そう扱われても仕方がないと言えばそうなんですが、やはり嫌な気持ちになりますね。ちゃんと一人前扱いして、正当な批判を加えてほしいと思います。

井沢さんが言われたように、単なる真似ではないですね。反日民族主義があるために日本の真似だと言えない、日本文化を楽しんでいるのだと言えない。そこに問題の本質があるわけです。

そのため韓国では、『マジンガーZ』は『テッコンV』、『宇宙戦艦ヤマト』は『宇宙戦艦亀船』、『科学忍者隊ガッチャマン』は『トスクリ五兄弟』、『あしたのジョー』は『挑戦者ハリケーン』、『鉄腕アトム』は『少年アトム』というように、あらゆるものについてタイトルを変え、しかも日本の原作者を示さず、いかにも韓国製であるかのようにした上で、放映したり本にしたりしています。中には著作権無視で無断使用しているのも少なくありません。しかも、いかにも日本とわかる着物とか風景とかは、ぼかしたり改竄《かいざん》したり、勝手に修正して使っているんです。

また「ドラえもん」そっくりの「トンチャモン」とか、「ポケモン」そっくりの「パワモン」とか、キャラクターも名前を変えてそっくりそのまま韓国製であるかのようにして使っているのもたくさんあります。

ほとんどすべての日本製アニメが、時代とともに次から次へと密輸入されてきたわけですが、その新聞記事ではそういうことをまったく言わずに報道しているんですね。四〇代までの人たちは、みんなそれを韓国オリジナルだと信じて親しんできたということ、ジャーナリストならばそういう歪んだ現実をちゃんと報道しなくてはなりません。何しろ、劇画・アニメは韓国がはじめたもので、韓国起源なんだと、多くの韓国人が信じ込んでいるんですから。

●儒教では汗をかくような技芸は尊重されなかった——井沢

技芸にしても同じことです。日本の技芸はみんな韓国起源だという主張がおかしいのは、そもそも儒教では、技芸などというのはまったく尊重されていなかったのです。とくに汗をかくような技芸、たとえば空手などは嫌われてきたはずなんです。

自分の国の歴史を正しく認識していれば、そういうものは朝鮮半島で生まれるはずがないとわかりそうなものです。それなのに、あくまで自分のところが発生だと言いたがるのは本当におかしなことです。

●テニスをバカにした朝鮮国王――呉

まさしくそうです。伝統的に汗をかくような技芸はずっと賤《いや》しまれてきました。空手、柔道、剣道といった、体を使って汗をかくような体術・武術は、朝鮮文化では軽蔑の対象だったわけです。ですから武人の地位はとても低いものでした。

儒教国家を人間の身体にたとえれば、首から上が、頭を使うことを本分とする高級官僚で、首から下が、手足・胴体を使うことを本分とする民衆なわけです。ですから、汗をかくということは低い身分にある者がすることで、身分が上の者はしてはいけなかったんです。とくに両班《ヤンバン》（高級官僚の文班・武班を総称した呼称）は、決して激しい運動をしてはいけないとされていました。

朝鮮王朝末期に、朝鮮駐在の欧米の外交官たちは盛んにテニスを楽しんでいたそうです。彼らはコートの中を懸命に走り回り、汗をかきながらボールをラケットで打っている。するとそれを見た王様は、「あれはいったい何ごとか。かわいそうに、あんなに汗をかくなら部下たちに任せればいいのに」と言ったという有名な話があります。

●日本にあるものは、すべて韓国起源という珍説――井沢

儒教では体を動かす技芸をする者がいたら、確実に差別の対象になっていた。料理を作るということも、全然評価されなかった。だから何代も続く料理店がないんです。それなのに、日本にある技芸はみな韓国起源だと言う。まったくの後づけでそう言うんですね。現在では技芸が尊ばれているものですから、なかったことをあったことにして自分たちの歴史を変えてしまうわけです。

歴史というのは、基本的には自分たちの過去がどうだったかということを調べる学問ですね。でも韓国や北朝鮮ではそうではなくて、どうあるべきだったか。こうあるべきだったという結論が先に来るわけですから、歴史ではないんです。歴史だと言うのなら歪曲された歴史と言うしかありません。

同様に、日本に文化を教えてやったのは自分たちだ、自分たちがオリジナルだという観念があるものだから、いまや武道がもてはやされるのであれば、それはもともと自分たちにあったものだと主張することになるんですね。

●両班は走ることも、階段を昇ることもしなかった――呉

最近、韓国のテレビで最後の朝鮮国王の子孫が、自分の子どものころのことを語っていました。自分の周りにはお手伝いさんたちがたくさんいて、ご飯の食べ方一つについても厳しく礼儀作法を身につけさせられたなど、いろいろ話していましたが、小学校での体験でとても興味深い話がありました。

小学校というのは近代学校ですから、体育の時間や運動会があります。すると走らなければならないわけですね。ところが両班は走ってはいけないので、彼も周りの者たちも困ってしまったわけです。それで結局は、校長先生が代わりに走ってくれたそうです（笑）。

また、金玉均《キム・オツギユン》たちがクーデターに失敗してソウルから仁川《インチヨン》まで逃げたんですが、彼らはみな両班の子弟たちですから走ることができない。それで逃げるのに大変苦労したという話もあります。

朝鮮の建物は基本的に平屋ですが、日本では多くが二階建てで階段がありますね。ところが両班だと二階に上がれないわけです。階段を昇ってはいけないんです。そんなみっともないことはいけないというので、人にかついでもらって上がったという話もあります。

両班はそれくらい動いてはいけなかったし、汗をかいてはいけなかった。そしてこの両

班が朝鮮文化の中心的な担い手だったわけですから、剣道みたいなものが育っていくはずがないんです。

また日本の相撲も韓国起源だ、これは朝鮮にシルムというものがあるからはっきりしているというんですが、相撲に似たようなものはモンゴルにもあるわけです。ロシアにもたしか、柔道に似たサンボというのがあったと聞きました。どこの国にでも、それなりの体術は行なわれていたわけです。しかし日本の武術や諸技芸のように、身分や階層を超えて広く国民の間で行なわれ、技術的な錬磨の歴史を積み重ねてきたものは、なかなか見られるものではありません。

●朱子学は他の学問の発展を阻害した——井沢

朝鮮で技芸が貶《おとし》められ、発展しなかった最大の原因はやはり朱子学ですね。朱子学は技芸だけではなく、他のすべての学問の発展をも阻害したといえます。日本には朱子学もあったけれど、日本の儒教学者は実学的な面をとても大事にしました。江戸時代の儒教学者の中からは、農学の面で社会に貢献した人たちがたくさん出ています。

●実学を軽視しつづけた朝鮮の伝統――呉

朝鮮の儒教には実学の系統もあったんですが、最後まで少数勢力にとどまりました。朝鮮王朝末期に、攘夷に対して開国を主張したのは、数少ない実学派の官僚たちでした。彼らは国内に産業を興し、諸国との交易を盛んにすることを主張しましたが、幾度となく弾圧されました。甲申クーデターに決起した金玉均や朴泳孝《パク・ヨンヒョ》も、実学派の学者から学びました。実学派には仏教を重んじる人も多く、彼らは仏教についても学んでいました。そのころに、実学思想から開化思想へという流れが生まれたんですね。

実学が軽視されましたから、当然農学といったものも発展しませんでした。何しろ、日本に統治されるまでの朝鮮の農業は、ほとんどが天水、つまり雨に頼る農業だったんです。農耕水利をどうしたらいいかといった実学的な研究や開発には、ほとんど手がつけられていませんでした。

北朝鮮の農業は、それこそ当時のままじゃないかと思えるほどひどいですね。たとえば、稲の収穫を多くするためには密植すればいい、つまり稲を植える密度を高めればいいという指導をして大失敗をしましたね。そんなことをすれば、全般的に稲の発育が悪くなるのは農業の常識ですよ。そんなバカなことを、国家政策でやってしまうのが北朝鮮です。政治のことしか頭にない者たちの素人考えで農業指導が行なわれてきたんですね。朝鮮王朝とまったく同じです。

終章　日本はどう向き合うべきか

●韓国が北朝鮮に併合される危険性――井沢

豊田有恒《とよたありつね》氏は『韓国が危ない』（ＰＨＰ新書）という本の中で、いまの韓国は戦争なんてないと思って安心しているけれど、そんなことはない、北朝鮮の飢えがひどくて政権が倒れそうになったら、まず何をするかといったら、一番いいのは韓国を併合することだと言っています。そうすれば、北朝鮮にとってはあらゆることがうまくいくわけです。そのときに中国の手を借りるということもあり得る。そういうことに対して、韓国はまったく危機意識がありません。

●朝鮮王朝末期と酷似する北朝鮮――呉

いま韓国が恐れているのは、その逆で、北朝鮮が貧困状態のままで崩壊して韓国がそれを併合しなくてはならなくなるような事態ですね。そうなりたくないから、北朝鮮体制を維持させるための援助を行ない、その一方で国内を親北的に作りかえながら、南北国家連合を形成しようとしているわけです。

盧武鉉《ノ・ムヒョン》政権が進めている（二〇〇六年当時）、国内親日派の一掃、事実上の北朝鮮スパイ活動防止法である国家保安法廃止、日米からの離反と中露への接近、大企業の規制など統制経済の傾向強化、新聞などのマスコミ活動の規制、といった一連の政策は、「親北的・反市場的」な方向での南北国家連合の形成を目指すものです。

いまの北朝鮮は、朝鮮王朝末期ととてもよく似た状況にあると思います。朝鮮王朝末期の政治は、支配者たちが紛争に明け暮れていて、まったくの麻痺状態にありました。まともな軍事力はなく、国家財政も社会の経済も破綻し、百姓一揆が頻発していました。国力は衰亡のきわみにあり、崩壊寸前にあったんですね。異なるところは、いま北朝鮮は強大な軍事力を保持していること、民衆の暴動が一向に起きないことです。

●朝鮮に「明治維新」が起きないわけ――井沢

朝鮮王朝末期には、そこで金玉均《キム・オッギュン》たちの運動が起きたわけですが、失敗しましたね。なぜかというと、結局のところ大衆が呼応しなかったからです。朝鮮では伝統的にエリートと民衆の差があまりにも大きい。エリートは高度な教養を身につけていますが、その下の民衆はまるで教養や知識を身につけられないような状況に置かれていました。これは北朝鮮でも同じことで、だから北朝鮮に明治維新みたいな革命が起きないんです。

日本の明治維新のころは、全国的に寺子屋や学問塾があって、田舎にもたくさんの民間知識人がいて勉強していました。イデオロギー的にはおかしなところもあるのだけれど、たとえば高杉晋作《たかすぎしんさく》が奇兵隊をつくろうとすると、人々が集まってくるわけです。それで世の中が変わるわけです。

ところが朝鮮というのはお上主導であって、笛吹けども民踊らずみたいなところがある。だから金玉均らのクーデターも三日天下で終わってしまった。そこに、なぜ朝鮮が植民地化されたのかの答えの一つがあると思います。

●いまの北朝鮮で反乱が起きない理由——呉

これほど飢えで苦しんでいるのに、なぜ北朝鮮の民衆は立ち上がらないのか。もちろん恐怖政治が敷かれているからですが、朝鮮王朝の時代は、さらにいっそう過酷な恐怖政治が行なわれていたと思います。でもその中で、農民たちは命をかけて幾度となく蜂起しています。そのことから考えると、強固なイデオロギー政策によって民衆が骨抜きにされている、ということがとても大きいと思います。

北朝鮮国家としては、我々は貧乏かもしれないけれど、核もあるしミサイルもある。アメリカとだって互角に渡り合えている。それほどの立派な政治をしている、だからこそ我々は独立自主の朝鮮民族国家としてあることができていると自負するわけです。

そこで井沢さんにお聞きしたいんですが、これから三年、五年の間に韓国はどうなると思いますか。まあ、近未来の予測ということですけれど。

●このままいくと韓国はどうなるか――井沢

いや、こうして呉さんから韓国の現状についてレクチャーを受けているぐらいですから、よくわかっているわけではありませんが、三つか四つぐらいのケースが考えられるでしょう。

一つは、いまの政権は、そのような状態では、やはりもたないと思うんです。それが何にとって代わられるか。いくつか考えられます。

たとえば、アメリカが介入して軍事クーデターみたいなことがあるかもしれないし、あるいは国粋派のクーデターもあるかもしれない。最悪の場合は、北朝鮮が助けてあげましょう、といった感じで出てくることも考えられる。そうなったならアメリカのほうは黙っていないだろうけれど、北朝鮮の後ろに中国でもくっついていたら簡単に対抗するわけにいかない。

ブッシュ大統領（当時）は、悪の枢軸という言い方をして、イラク、イラン、北朝鮮の順番で対処するのではないかといわれていますね。イランとイラクは石油があるので先に手をつけたのだろうと思いますが、アメリカが韓国と組んで北朝鮮を解放するなんてことは、もうまったく考えられないわけですか。

盧武鉉政権があくまでアメリカと距離を置きたいと言うなら、現実的な選択としては核を持ったほうがいいわけですよね。それをアメリカは許さないだろうけれど。

最も警戒すべきは中国ですよ。中国は朝鮮半島の北部はもともと中国領だった、などという「見解」を発表しているし、二〇〇五年には咸鏡北道《かんきようほくどう》の羅津《ラジン》港の「独占使用権」を獲得しました。そう言えば聞こえはいいが、これは実質的な租借《そしやく》です。

つまり、金正日《キム・ジョンイル》は中国に朝鮮民族の領土を売り渡したといっていい。それなのに韓国では金正日人気が高まっているというのだから、インチキな歴史教育のツケは大きいですよね。

●韓国には、北の核を恐れる理由はまったくない——呉

多くの韓国人は、北朝鮮の核保有を何とも思っていません。韓国人に核アレルギーなど

というものがないどころか、むしろ核保有は国力の証しだし、それにより国際的な発言力を持つことができるなら大いに結構と思っているんです。北朝鮮が同胞に核を用いることはない、それよりも核を持つことで日米と互角に渡り合うことができている、南北国家連合をつくれば核は韓国のものにもなると、本音では多くの人がそう思っているんです。

昨年（二〇〇五年）、竹島問題で反日問題が大騒ぎになっていたときに、有名な韓国の作家、日本でも翻訳出版された『ムクゲノ花ガ咲キマシタ』を書いた、金辰明《キム・ジンミョン》という人が、こういう発言をしたんです。独島の存在はとても面倒臭いものだ、そんなに面倒臭いものならば、北朝鮮のミサイル基地にして、日本に対する防衛基地として使えばどうかと。

この発言が大変な反響を巻き起こしたんです。インターネットでの反応が新聞に紹介されていましたが、とにかく驚いたと、そして大半は愉快だという言い方をしている。それは素晴らしいアイデアだ、とても愉快だというのが大方の反応でした。

●韓国にはバランス感覚が欠けている——井沢

そういう極端な話を聞いて思うことは、韓国はいくら何でも、もう少しバランス感覚というものを持ってほしいということですね。お隣どうしの国ですから、われわれは何とか共存共栄をはかっていきたいと思っているわけです。しかしそういう「お互い様」がなくて、いつも一方的なんですね。地球という同じ星に住んでいて、しかも隣国なんですから、仲よく助け合って生きていかなくちゃならないでしょう。

●日本人のバランス感覚は、韓国、中国には通じない――呉

本当にそうですね。韓国はいつも極端から極端へとふれてばかりいて、バランスをとることができません。そういう民族からは、日本人のバランス感覚というのは優柔不断な姿勢にしか見えません。実はそこに、相手への配慮があるということには気がつかないんです。

たとえば日本が経済的・技術的な援助をするとき、「韓国のお役に立てれば幸いですが、それは日本にとっても幸いなことです」みたいな言い方をするでしょう。植民地時代のことでもそうです。「朝鮮に莫大な投資をしましたが、それは朝鮮のためであるとともに、日本のためでもありました」という言い方をする。相手への配慮からそう言っている。

ところが韓国人は、日本人がそう言うんだから、日本人は自分たちの利益を狙って援助

しているんだと、そういう受け取り方をするんです。

一方的に援助してやるという言い方は、日本人の美意識に反するみっともないことでしょう。だから自分たちのためにもなることだという言い方をするんでしょうが、純粋にあなたたちのためにやってあげているんだと言ったほうが、韓国人や中国人には受けがいいんですよ。そのほうが感覚的に納得できるんです。

そんな言い方をしたら相手が怒るだろう、そんな言い方はみっともないと考えるのは、日本人だけです。少なくとも韓国に対しては、これは韓国のためにやっていますとはっきり言ったほうがいいです。「これは韓国のためにも、日本のためにもなりますから」となると、韓国人にはその「日本のため」というのが気に入らないんです。日本人のバランス感覚は、韓国人や中国人にはまるで通じません。

植民地問題にしても同じことがいえます。悪いこともしたがいいこともした、みたいな言い方ですね。日本人はそういう言い方をして帳消しにしようとしている、やはり反省していない、過去のことを謝罪する気がない。そうなるんです。

●親の罪は子の罪というイデオロギーがなくなることはあるか――井沢

私の世代は、韓国に援助した世代ではあれ、悪いことは一つもしていません。むしろ韓国にボラれている世代なわけですが、それでも我々の世代にまで謝れと言うのは、やはり親の罪は子の罪、子の罪は孫の罪だということなんでしょうね。これは連座制であって、近代民主主義とは最も相反するものです。

イデオロギーのこちらの面は、どうしたらなくなるんでしょうか。最低限、日帝時代は悪かったけれども、いまの日本人には関係ないという考え方は、これから出てくるんでしょうか。

●韓国がどう考えるかなどと心配する必要はひとつもない――呉

少なくとも、韓国がこうだから日本はこうしようという配慮みたいなこと、バランスをとるようなことは、考えないほうがいいです。韓国は変わりません。それよりも、日本としてはこうだということを、はっきりと言い続けることです。言い続けながら関係していく中で、相手に選択させることだと思います。

いまなお韓国人に会うと謝罪する日本人がいるでしょう。私も何べん謝罪されたかわかりません。若い人にもいますよ、そういう人は。もちろん、謝罪の意味は韓国人的なイデオロギーによるものとは違います。でも日本人が謝ってくると韓国人は、ああ、この人は先祖の罪、親の罪を自分の罪と認めているんだな、となるわけです。

日本の歴代首相にしてもそうですよ。首相になるたびに謝り続けているでしょう。国会では謝罪決議までやったわけです。

ところが、それなのに、靖国神社《やすくに》の参拝はする、竹島は日本の領土だと言う、日本はすでに賠償責任を果たしたと言う、日韓併合は合法的だったと言う、また政府高官たちが、創氏改名は強制ではなかった、日本統治ではいいこともした、強制連行はなかったとか「妄言」を吐くと。これで、やっぱりあの謝罪はウソだったんだということになるわけです。

日本のほうの問題としては、ここを何とかしてほしいですね。謝りたいのであれば、一度スパッと謝ればそれでいいんです。何べんも、何べんも謝るから、日本統治は悪という考えが保証されてしまう。親の罪は子の罪というイデオロギーが保証されてしまう。「妄言」があれば、やっぱり反省していないとなってしまう。これが戦後、延々と続いているわけです。

日本国としての本音を、一度ビシッと堂々と打ち出すことです。悪いこともあったけれどいいこともあったとか、そんな言い方ではなくて、世界史的な観点から我々の考えはこうだと、歯に衣《きぬ》を着せず、はっきり言えばいいんです。それで、いかに韓国が騒ごうとも、主張を一貫させて、新しい歴史認識の時代へ突入するべきです。本当の国家関係はそこからしかはじまりません。

そうなると、韓国ではどうなるか。そんな心配をするからいけないんです。まずは、自立した民族国家の意思表明を、まっこうから韓国にぶつけるべきなんです。

政府がやるべきことはそれです。それで国家関係がまずくなったって、現実の日韓関係の大部分は、民間関係で成り立っているわけですから、何の心配もいりません。何年かは民間の間もぎくしゃくするかもしれませんが、それで困るのは韓国であって、日本は多少は困ったとしても、大したことはない。

そんな状況が生まれて何年か経てば、韓国に必ず変化が出てきます。自分たちのやり方では未来がないと、とことん困れば韓国は変わります。それを待っていればいいんですよ、日本は。

一番の問題は民族主義イデオロギーであり、韓国人は常に教育によってイデオロギーが注入され続けている点です。その考えの下、言ってくることに、配慮したりするのではなく、まるで通用しないということを徹底的に自覚させるべきなんです。

●韓国の反日と、日本の左翼の共通項――井沢

日本の左翼もそうですね。これだけ北朝鮮がおかしくなっていても、中国がおかしくなっていても、イデオロギーから支持するわけです。現実が見えていないのか、見たくないのか。まあ見たくないのでしょう。ようするに現実を見て、自分の主義を修正することができない人たちです。

韓国人の反日というのは、不思議に日本の左翼とそっくりですね。とくに最近は左翼っぽいですが、左翼じゃないわけでしょう。

●マルクス主義と儒教の共通性――呉

盧武鉉政権は左翼ぶっていますが、反日民族主義の根は左翼思想にあるのではなく、基本的に中華主義的、儒教的な思想なわけです。ただ、儒教知識人とマルクス主義知識人には、たくさんの共通性があるんです。

儒教知識人とマルクス主義知識人に最も共通しているのは、天下国家の問題に目覚めている知識人集団が、無知な民衆に働きかけて彼らを目覚めさせていかなくてはならない、民衆に天下国家の何たるかを教え、正しい方向へ導いていかなくてはならない、というエリート知識人集団主導主義です。

社会主義国家では、共産主義思想をしっかり学んだ専門知識人の党幹部たちが高級官僚のポストを独占しますね。儒教国家の朝鮮や中国でも、儒教をしっかり学んだ専門知識人たちが高級官僚のポストを独占しました。

北朝鮮のチュチェ思想（主体性思想）というのは、マルクス主義の見かけを持った儒教、つまり朱子学の社会主義国家版なんです。韓国はそこまで徹底していませんが、政治の基本理念は同じことです。盧武鉉が北朝鮮に近づいていこうとするのも、元々は同じ儒教思想の根を持っているからなんです。

だから彼らには、現実よりもイデオロギーが大事なんです。そういう意味では、日本の左翼のことを考えれば、韓国人のことがわかりやすいかもしれません。

●韓国の教科書が現実を見ようとしないわけ――井沢

現実よりもイデオロギーとなっている。だから、自分たちが「こうあらねばならない」と考える物事を疑うことをまったくしない。その点が左翼と同じなんですね。

左翼は毛沢東が何万人殺そうが、北朝鮮が何千人拉致しようが、そういう現実を見ようとしない。イデオロギーが見ないようにさせているからです。韓国の教科書も、まさしくそれと同じことをやっている。中華主義的、儒教思想的なイデオロギーの立場から、左翼と同じことをやっているんですね。

●韓国をダメにしている両班政治の伝統――呉

そうです。いまの韓国の社会的な現実はひどい状態になっているということを、新聞は書き立ててますし、国民の不満も充満しています。ですから、盧武鉉政権の支持率は落ちるだけ落ちています。二〇〇六年夏の地方選挙でも惨敗を喫しました。

政権末期に近づくと韓国ではいつもそうなんですが、反政府攻撃がどんどん強くなっていきます。盧武鉉支持だった中道派知識人たちも、大部分が反政府側に回っています。

それなら次の政権は期待できるかといったら、私は期待できません。なぜかというと、いま井沢さんが言われたように、韓国の政党はみんな、現実を見ようとしないイデオロギー過多政党だからです。いくら政権が代わっても同じことなんです。

朴正熙《パク・チョンヒ》政権は軍事政権だからと批判されますが、現実面では韓国の経済社会の近代化を進めた最大の功労者です。朴正熙元大統領は、いまの韓国の、抽象的な理屈ばかりこねて現実を見ない文人政治とは大きく異なっていました。韓国が陥っているのは、朝鮮王朝以来の両班《ヤンバン》政治、文人政治の伝統なんです。そこから脱却できない限り、韓国の政治が変わることはありません。

●引け目を感じていては、問題は永遠に解決しない――井沢

私はこれまで、基本的にあくまで謙虚にバランスをとる言い方として、昔は日本も悪いことをしたけれど、いいこともしたではないですかと言ってきたわけですが、今回感じた最大のカルチャーショックは、どうもそれではダメだということです。

外国人相手の場合、韓国に限らず、できるだけ自分の主張を端的に、あまり譲ることなく言ったほうがいいということはわかっていました。しかしながら、韓国にそれほどまでにバランス感覚が欠けているとは思いませんでした。

朝鮮の植民地化は、やむを得ないプログラムだったという言い方を、はっきりとすべきですね。それを、これは悪いことだった、でも中にはいいこともあったと言うから通じなくなる。引け目を感じているような言い方はいくらやってもダメで、もっと自信を持って堂々と振る舞ったほうがいいということです。

我々の先祖たちにはいろいろと試行錯誤があったけれど、併合というのはある意味で対等な結婚だから、決してレイプではないわけです。それが最善の道だと考えてやったんだということを、もっともっと強く主張していかないといけませんね。

文庫版へのあとがき

本書出版以後、盧武鉉《ノ・ムヒョン》政権の後を受けた李明博《イ・ミョンバク》政権（二〇〇八〜）に入ってから間もなく、「韓国は変わった」といわれ、日本国内での韓国評価の高まりが見られたが、そのことについていくらか述べておきたい。

李明博政権は当初、日本国内では前政権のような「反日・反米・親北朝鮮」とは正反対の立場に立つ、現実経済に明るい「経済大統領」と大きく期待された。日本での韓流ブームの拡大、両国を行き来する観光客の激増などもあいまって、しばらくの間「日韓新時代が到来した」ともいわれた。その間、本書で述べているような韓国が問題視される事態はしだいに姿を消していった。

しかしながら、李明博政権もまた「歴史認識・竹島・靖国《やすくに》神社」を「韓国国民の三大懸案」とすることでは従来の政権と何ら変わりはなかった。対日政策にあって、当初は「未来志向」を掲げて比較的穏やかな姿勢をみせながらも、やがては一気に強固な反日姿勢・

反日政策に転じていくことでも、従来の政権とまったく同じものだったことが、昨年・今年といやが上にも明らかになった。李明博政権は昨年、在韓日本大使館前への「従軍慰安婦碑建立」を実現させ、今年、大統領自身の竹島入島を実現させた。いずれもそれ以前の政権が「そこまでは……」と自己抑制していたことである。

一方の、「経済大統領」への期待はどうだったろうか。全般的に順調な経済成長やサムスン電子など韓国大企業の世界的なシェア拡大によって、「韓国経済は成功した」との認識がいまなお日本国内には広がっている。「世界に躍進する韓国企業に学ぼう」（『日本経済新聞』二〇一〇年三月四日社説タイトル）との声すら上がった。

しかしこの「経済的な成功」は大多数の国民生活を犠牲にした成功だといわなくてはならない。李明博政権以後の韓国は、アメリカ以上といわれる市場開放を実現させながら、そこに生じる経済格差拡大などのひずみを是正するセーフティーネットを、あまりにも貧弱な状態のままに放置し現在に至っている。たとえば、政府公共福祉支出の対GDP比はOECD諸国中の最低である。

「高齢者世帯貧困率の高さ」でも、「全労働者に占める低賃金勤労者の割合の高さ」でも、韓国はOECD諸国中の第一位に位置している（ちなみに、自殺率の高さでも出生率の低さでも韓国は第一位である)。また、ILO(国際労働機関)基準での実質失業率は一三%(三三〇万人)にものぼり、非正規雇用比率は六〇%弱にものぼり、その平均賃金は正規雇用者の約五〇%と著《いちじる》しく低い。基礎生活保障受給者(生活保護受給者)数は、二〇一二年一月で約一五〇万人。これは人口比率で日本の約二倍という膨大な数である。しかも支給率は三・一%と著しく低いため、最低生活費以下の生活をしているのに支給されていない人々が四一〇万人もいる(二〇〇九年)。「韓国経済は成功した」など、到底いえるわけがないのである。

韓国の良好な貿易黒字・経済成長の最大要因は、サムスン・現代・LGといったIT産業を中心とする大企業利益が激増を続けてきたことにある。それは、韓国大企業が、日本の五分の一という小さな国内市場を諦め(犠牲にし)、産官一体となり国外にばかり投資して利益を得てきた結果である。

しかしながらそれら大企業利益の大部分は海外投資と内部留保に向けられ、ほとんど国内を潤すことがない。そんな韓国大企業の「躍進ぶり」のいったいどこを学ぼうというのだろうか。

しかも韓国は慢性的な借金漬け状態にある。海外からの借入がGDPと同規模と巨額なため、いくら貿易で稼いでも海外への利息支払いで国内に現金が残らない。また韓国企業は核心部品・素材などの独自技術の水準が日本の三〇～五〇％と低く、輸出が増大すればするほど海外への特許料の支払いが増大していく。

さらに輸出品目は格安製品が中心で利幅が薄く、中国などとの競争から単価を上げられず、利益率がきわめて悪い。李明博政権は、こうした国内を潤さない貿易体質改善にまったく手をつけることなく、深化する一方の社会の二極化を放置し続けてきたのである。

「韓流文化輸出」は、国内の文化的頽廃《たいはい》と軌を一にしている。韓国政府は「韓流文化輸出」の支援に毎年膨大な資金を投入してきた。文化予算でもコンテンツ産業振興関連の予算でも日本の約二・五倍という大規模なものだ。この公費で支援・育成・生産される文化の大部分は、大衆的な娯楽文化作品としての、ポップ音楽、アニメ、映画、放送番組、マンガ、出版、ゲームなどであり、芸術性の高い文化や伝統文化はまるで隅の方に追いやられている。「韓流文化」の世界的な拡大によって国家ブランドを高め、韓国製品の輸出伸長を促進させていくこと――これがこの莫大な国家投資の狙いであるのはいうまでもない。

政治・経済・社会のどこを見ても「韓国は変わった」とはいえない。本書で述べたような李氏朝鮮王朝時代に形成された民族的な体質から、韓国は今なお解放されていないと痛感せざるを得ない。

平成二十四年九月

呉《オ》 善花《ソンファ》

旧版あとがき

本書で論じてきましたように、金大中《キム・デジュン》政権以後、盧武鉉《ノ・ムヒョン》政権に至る韓国は、それ以前の韓国と大きく異なる、次の二つの流れで特徴づけられます。

一つは、極端に情緒過多で全体主義的な民族主義の流れです。これは、戦後の韓国史を全否定する過去史清算、国内親日勢力や親日言論の一掃、左右両派の民族主義プロ活動家による突出した反日行動、北朝鮮支援および反北朝鮮言論の弾圧、日米との離反と中露への接近、南北国家連合構想の推進などとして表われています。

もう一つは、ＩＭＦ管理体制下における極端な経済の自由化推進によってもたらされた流れです。これは、経済格差の拡大、貧困層・生活困窮者の増加、勝ち組・負け組二極化社会の進行、倫理崩壊・集団利己主義の蔓延、反グローバリズム熱の高まり、市場経済への反感などとして表われています。

この二つの流れは、金大中政権を継承した盧武鉉政権が、金大中政権以上に大統領専制を強化して、上から強引ともいうべき国家社会主義的な社会改革・政治改革を行なった結果、生み出されてきたものにほかなりません。

戦後の韓国は、民主制国家の政体をとってはきましたが、民主的な社会が実現されているとは到底言い難い状態に長らくありました。最近まで女性は単独の戸籍を持てませんでしたし、いまだに姦通罪が存在します。故人の不実が子孫の不実ともされること、故人への非難がその子孫に対する名誉毀損となることもあります。いずれも、前近代社会の父系血縁集団主義の名残りです。

また韓国の社会には、法律で規定されている自由・平等の理念から大きく逸脱した現実が多々見られます。国法ではもちろん禁止されていますが、社会ではいまだに、出自・男女の性別・社会的身分などにかかわる差別が根強く行なわれています。

たとえば、人権については一般的な民主制国家に遜色《そんしょく》ない法がありますし、女性保護に関する法律では先進的だとすら言えます。ところが実際には、韓国女性部の調査（二〇〇三年）では、四四・四%の家庭で、夫の妻に対する肉体的暴力・精神的虐待が行なわれているといった状況にあります。

拉致問題にしても日本とは大きく異なり、「あれぐらいのことは国を引っ張っていく上では仕方がないことだ」くらいに考える傾向が強いと言えます。そういうことよりも、政治家の手腕としては国全体をいかにまとめていくかが注目されますので、金正日《キム・ジョンイル》の政治的な統率力を評価することにもなるわけです。

盧武鉉大統領は「新時代を切り開く民主主義の旗手」とのふれこみで政界に登場し、韓国の民主化を大きく推進するだろうとの期待のもとに大統領選を勝ち抜きました。ところが蓋を開けてみると、実際の政策の大部分が反民主的なものでした。

過去史清算や親北政策をめぐって成立したいくつかの新法や準備中の法案も、明らかに民主国家のものとは言えません。さらには、新聞の部数を制限する法をつくろうとしたり、企業活動にさまざまな規制を設けたり、大学の自由に反する私学法の改悪をしたり、大統領の独断専行による数々の政策を推進してきました。いずれも、民主制に照らせばきわめて違反の疑いの濃いものばかりです。

現在（二〇〇六年）の韓国は非民主化を推進し、より北朝鮮に近づきつつあるというのが実際のところではないかと思います。

この対談は、主として井沢さんが問題を提起され、それに私が応じるという形で行なわれています。各章で問題点がよく整理され、日韓の認識の違いがはっきりと示され、わかりやすく順序立てた論議となっていると感じますが、それは何よりも井沢さんがそうした姿勢で流れをつくり、対談を進めてくださったことによるものです。そのため、私にとってはあらためて自分の考えを見つめなおすよい機会となりました。井沢元彦さんへ感謝の意を表したいと思います。

平成十八年八月

呉　善花

一〇〇字書評

切り取り線

購買動機（新聞、雑誌名を記入するか、あるいは○をつけてください）

- □（　　　　　　　　　　　　）の広告を見て
- □（　　　　　　　　　　　　）の書評を見て
- □ 知人のすすめで
- □ タイトルに惹かれて
- □ カバーがよかったから
- □ 内容が面白そうだから
- □ 好きな作家だから
- □ 好きな分野の本だから

●最近、最も感銘を受けた作品名をお書きください

●あなたのお好きな作家名をお書きください

●その他、ご要望がありましたらお書きください

住所	〒				
氏名		職業		年齢	
新刊情報等のパソコンメール配信を 希望する・しない	Eメール	※携帯には配信できません			

あなたにお願い

この本の感想を、編集部までお寄せいただけたらありがたく存じます。今後の企画の参考にさせていただきます。Eメールでも結構です。

いただいた「一〇〇字書評」は、新聞・雑誌等に紹介させていただくことがあります。その場合はお礼として特製図書カードを差し上げます。

前ページの原稿用紙に書評をお書きの上、切り取り、左記までお送り下さい。宛先の住所は不要です。

なお、ご記入いただいたお名前、ご住所等は、書評紹介の事前了解、謝礼のお届けのためだけに利用し、そのほかの目的のために利用することはありません。

〒一〇一‐八七〇一
祥伝社黄金文庫編集長　吉田浩行
☎〇三（三二六五）二〇八四
ohgon@shodensha.co.jp

祥伝社ホームページの「ブックレビュー」からも、書けるようになりました。
http://www.shodensha.co.jp/bookreview/

祥伝社黄金文庫

やっかいな隣人《りんじん》　韓国《かんこく》の正体《しょうたい》

平成24年10月20日　初版第1刷発行

著　者　井沢元彦《いざわもとひこ》／呉善花《オソンファ》

発行者　竹内和芳

発行所　祥伝社《しょうでんしゃ》

〒101－8701
東京都千代田区神田神保町3－3
電話　03（3265）2084（編集部）
電話　03（3265）2081（販売部）
電話　03（3265）3622（業務部）
http://www.shodensha.co.jp/

印刷所　萩原印刷

製本所　ナショナル製本

　ISBN978-4-396-31593-1 C0195

祥伝社黄金文庫

井沢元彦 歴史の嘘と真実

井沢史観の原点がここにある！ 語られざる日本史の裏面を暴き、現代の病巣を明らかにする会心の一冊。

井沢元彦 誰が歴史を歪《ゆが》めたか

教科書にけっして書かれない日本史の実像と、歴史の盲点に迫る！ 著名言論人と著者の白熱の対談集。

井沢元彦 誰が歴史を糺《ただ》すのか

梅原猛・渡部昇一・猪瀬直樹…各界の第一人者と日本の歴史を見直す、興奮の徹底討論！

井沢元彦 「言霊の国」解体新書

日本の常識は、なぜ世界の非常識なのか。「平和主義者」たちが、この国をダメにした！

井沢元彦 日本史集中講義

点と点が線になる——この一冊で、日本史が一気にわかる。井沢史観のエッセンスを凝縮！

井沢元彦
金　文学 逆検定 中国歴史教科書

捏造。歪曲。何でもあり。この国に歴史を語る資格があるのか？ 中国人に教えてあげたい本当の歴史。

祥伝社黄金文庫

呉《オ》善花《ソンファ》　ワサビの日本人と唐辛子の韓国人

反日、嫌韓感情はなぜ起こるのか？両国の国民性の違いを様々な角度から分かりやすく検証した比較文化論。

金文学　金明学　韓国民に告ぐ！

〝日韓友好〟の今、あえて問う！　祖国を思うあまりの痛烈な韓国批判。井沢元彦氏激賞の話題作。

金文学　中国人民に告ぐ！

日本人が古来、敬い尊んだ中国人の実態を容赦なく抉《えぐ》り出す。日本にも通暁する著者にして書けた中国批判。

金文学　「反日」という甘えを断て

大反響を呼んだ『韓国民に告ぐ！』待望の第二弾。『マンガ嫌韓流』の山野車輪氏も絶賛！

金文学　中国人による中国人大批判

母国・中国で出版拒否！　歯に衣着せぬ中国批判と、親日ゆえの日本への苦言。

金文学　愛と欲望の中国四〇〇〇年史

かの『金瓶梅《きんぺいばい》』を生んだ中国、その「性」史。赤裸々かつ壮大華麗な夜の歴史は、驚きと発見の連続！

祥伝社黄金文庫

金 文学　日中韓 新・東洋三国事情

「隠蔽《いんぺい》」の中国人、「表現」の韓国人、そして日本人は？ 文化、歴史、人物、エロス……三国を徹底比較！

江河海《ジャン・ホー・ハイ》　中国人の面子《メンツ》

政府高官から一般庶民まで、中国人は面子にこだわる！ そんな彼らの行動原理を赤裸々な証言で大解剖！

杉山徹宗《かつみ》　真実の中国4000年史

〝日本人が知っておくべき「陰」の中国史〟―残忍で非人間的としか言いようのない歴史がここにある。

杉山徹宗　軍事帝国中国の最終目的

着々と進む「覇権国家」プログラム。今こそＮｏと言える日本を目指せ！ 中国の本性と野心を暴く。

崔《チエ》 基鎬《ケイホ》　韓国 堕落の2000年史

なぜ、韓国は日本に大差をつけられたのか？ 今、初めて明かされる本当の韓国史！

崔 基鎬　歴史再検証 日韓併合

「歴史の真実に目を開け」韓国史家が、祖国のためにあえて糾弾。事実を無視する国に、将来はない！